Wenn etwas mir vom Fenster fällt
(und wenn es auch das Kleinste wäre)
Wie stürzt sich das Gesetz der Schwere
Gewaltig wie ein Wind vom Meere
Auf jeden Ball und jede Beere
Und trägt sie in den Kern der Welt.

Ein jedes Ding ist überwacht
Von einer flugbereiten Güte
Wie jeder Stein und jede Blüte
Und jedes kleine Kind bei Nacht. ...

Rainer Maria Rilke

Ich danke meiner Mutter und Großmutter, die mich das gelehrt haben. Meine Mutter ist die fleischgewordene Güte und hat flugbereit bei der Entstehung dieses Buches auf allen Ebenen mitgewirkt.

Dilsberg, im Herbst 2014

Fotos

Fotos Umschlag: © Kerstin Panter
Foto Frau Heß Rückseite: © Karsten Kessler

Fotos Innenteil: © Kerstin Panter
Außer:
S. 4 © Klaus P. Exner, Baden-Baden
S. 6, 7, 9, 29, 37, 41, 53 rechts, 61, 64, 65, 73, 93, Archiv Eva Heß
S. 8, 57 © Gerd Fleischmann
S. 12 © Cobja - Fotolia.com
S. 16, 42, 43 © Albert Fritz, Baden-Baden
S. 33 © jlmcloughlin - Fotolia.com
S. 45 © PhotoSG - Fotolia.com
S. 49 © Sport Moments - Fotolia.com
S. 53 links © M. Schuppich - Fotolia.com
S. 69 © janaph - Fotolia.com
S. 88 © Achim Käflein, Freiburg - Hampp Media GmbH, Stuttgart
S. 89 © Marc E. Hohmann, Mannheim
S. 92, 95 © Karsten Kessler

Gestaltung & Satz: Verena Kessel

ISBN 978-3-86476-053-2

Verlag Waldkirch KG
Schützenstraße 18
68259 Mannheim
Telefon 0621-129 15 0
Fax 0621-15 33 49
E-Mail: verlag@waldkirch.de
www.verlag-waldkirch.de

© Verlag Waldkirch Mannheim, 2014
Alle Rechte vorbehalten. Nachdruck, auch auszugsweise,
nur mit ausdrücklicher Erlaubnis des Herausgebers.

Eva Heß
Chocolaterie im Gasthaus „Zur Burg"
Obere Straße 12
69151 Dilsberg
Telefon 06223-864748
Fax 06223-864749
E-Mail: chocolaterie_dilsberg@t-online.de
www.das-beste-zum-schluss.com

Eva Heß

Von Hutzeln und Himbeeren

Rezepte und Geschichten

Verlag Waldkirch

Zum Geleit

Apfelsüppchen mit Apfelmille-feuille und geeistem Limonenschaum

Zum Geleit

Eva Heß hat als Chef Pâtissière insgesamt vier Jahre unser Team in der Traube Tonbach verstärkt. Ihre Kreativität und der hohe Anspruch an sich und das von ihr geschaffene Produkt haben in wundervollen Desserts und Backwerken ihren Ausdruck gefunden, die unsere Gäste zum Abschluss eines exklusiven Menüs als krönender Abschluss verwöhnten.

In ihrem nun vorliegenden Rezept- und Geschichtenbuch „Von Hutzeln und Himbeeren" legt sie den Schwerpunkt nicht auf die komplizierten Werke der Sterne-Pâtisserie, sondern auf leicht umsetzbare Rezepte, die die immerwährende Süße im Jahreslauf zum Thema haben. Ich wünsche diesem Buch, dass es die Freude am Selberbacken weckt und ein Hauch der Begeisterung von Eva Heß für ihr Handwerk und ihre kleine Chocolaterie im Gasthaus „Zur Burg" auf dem Dilsberg sich mitteilt.

Gutes Gelingen wünscht Ihnen
Harald Wohlfahrt

Inhalt

Chocolaterie im Gasthaus „Zur Burg" 9

Grundzubereitungen 13
    Rezept: Butterstreusel 13
    Rezept: Mürbeteig 13
    Rezept: Rahmpudding 14
    Rezept: Sandmasse 15

Warmer Schokoladenbiskuit 17

Noch mehr vom Schokoladenbiskuit 18
    Rezept: Warmer Schokoladenbiskuit 21

Schmandkuchen 22
    Rezept: Schmandkuchen 25

Rührkuchen 26
    Rezept: Versunkener Apfelkuchen 29

Rhabarber 30
    Rezept: Rhabarberkuchen 33
    Rezept: Rhabarberrahmkuchen 35

Hefegebäck 36
    Rezept: Streuselkuchen 39

Traube Tonbach 40

Brioche 44
    Rezept: Brioche 47

Erdbeerkuchen 48
    Rezept: Erdbeerkuchen 51

Holunder	52
Rezept: Holunderblütensirup	55
Himbeeren	56
Rezept: Panna Cotta mit Himbeeren	59
Apfelrahmkuchen	60
Rezept: Apfelrahmkuchen	63
Quittengelee	64
Rezept: Quittengelee	67
Zitronenkuchen	68
Rezept: Zitronenkuchen	71
Linzertorte	72
Rezept Linzertorte	75
Hutzelbrot	76
Rezept: Hutzelbrot	79
Mandelhalbmonde	80
Rezept: Mandelhalbmonde	83
Vanillekipferl	84
Rezept: Vanillekipferl	87
„Kaffee oder Tee?"	89
Orangen-Karamellgebäck	91
Über Eva Heß	92
Über Kerstin Panter	95

Feste Dilsberg

Chocolaterie im Gasthaus „Zur Burg"

Als kleine Erstklässlerin führte mein Schulweg direkt am Gasthaus „Zur Burg" vorbei, welches in den 70er-Jahren als Dorfkneipe diente und den meisten Bürgern der Feste Dilsberg ein zweites Zuhause gab. Meist wählte ich jedoch für meinen morgendlichen Weg eine Abkürzung durch das parkähnliche „Bienengärtchen". Die Schule befand sich damals noch im Kommandantenhaus innerhalb der Festungsanlage. Ich mochte diesen Weg sehr. Das Bienengärtchen erhielt seinen Namen im 30-jährigen Krieg. Die Sage erzählt, dass die Belagerung durch den Feldherrn Tilly ein jähes Ende nahm, als die beherzten Einwohner der Feste Dilsberg ihre Bienenkörbe über die Burgmauer stießen und so die Truppen Tillys in die Flucht schlagen konnten.

Meine ganz persönliche Geschichte im Gasthaus „Zur Burg" begann jedoch erst viele Jahre später, im Jahr 2001. Ich war schon seit einiger Zeit auf der Suche nach einem geeigneten Ort, wo ich mein geliebtes Konditorenhandwerk selbstständig ausüben konnte. Ich hatte die Vision von einem Platz, an dem ich leben und gleichzeitig arbeiten konnte. Meine Lehr- und Wanderjahre mit vielen Stationen rund um den Globus hatte ich abgeschlossen, und das Schicksal führte mich nun zurück an den Ort meiner Kindheit.

Chocolaterie im Gasthaus „Zur Burg"

Ich hatte eine genaue Vorstellung von meinem Haus – und wie es dann im Leben so geht – folgerichtig hat mich das passende Haus durch einen „Zufall" gefunden. Auf wundersame Weise erfuhr ich von dem einsamen alten Gasthaus auf dem Dilsberg, das sich nach einer Herrin sehnte, die es zu neuem Leben erwecken würde.

Als ich dann an einem eiskalten Februartag durch die Eingangstüre der jetzigen Chocolaterie trat, empfing mich ein im Inneren noch kälteres Haus in einem äußerst traurigen Zustand.

Doch schon in der Türe fühlte ich, dass in diesem Augenblick etwas Neues beginnen wollte, von dem es kein Zurück mehr gab. Es fand eine Art Verschmelzung statt zwischen mir und dem alten Gebäude. Mit einer mich schlagartig durchdringenden Vision schritt ich durch die Räume und sah die kommende Schönheit meiner neuen „Burg" an meinem inneren Auge vorbeiziehen.

Kurze Zeit später erwarb ich mein zukünftiges Schokoladenschloss, welches ich voller Stotz meinem großen Bruder vorführte. Er konnte damals weder meine Begeisterung teilen, noch an meine Vision glauben.

Am 3. Oktober 2001 zog ich mit Sack und Pack in mein neues Heim, und am 24. November 2001 eröffnete ich mit einem Paukenschlag meine Chocolaterie.

Nun sind fast dreizehn Jahre vergangen. Doch was sind schon dreizehn Jahre in einem Haus, das schon so um die 400 Jahre auf dem Buckel hat!

Unzählige Gäste haben wir seither mit meinen Schokoköstlichkeiten verwöhnt und einige tausend Liter duftender, heißer Schokolade in die bunten Becher eingegossen. Ganz zu schweigen von den mehreren hunderttausend Trüffelpralinen, die durch meine zwei Hände getunkt und gerollt worden sind. Viele Gäste spüren die Freude, mit denen ich meine Pralinen, den warmen Schokoladenbiskuit, das Orangen-Karamellgebäck und natürlich das alte Gemäuer mit dem wilden Wein durchtränke.

Ein bisschen Geschichte habe ich auf dem Dilsberg schon geschrieben. In den zukünftigen Geschichtsbüchern über den Dilsberg steht sicherlich eines Tages: „Zu Beginn des neuen Jahrtausends beherbergte das Gasthaus „Zur Burg" eine exquisite Chocolaterie unter der Leitung einer Konditormeisterin, unter deren Händen köstliche Schokoladenspezialitäten entstanden…"

Grundzubereitungen

Ich arbeite in meiner Chocolaterie mit einem System von Bausätzen. Einige Grundzubereitungen, wie z.B. Streusel und Mürbeteig, habe ich immer im Kühlschrank oder in der Gefriertruhe. So bin ich in der Lage, sehr zügig einen oder mehrere Kuchen herzustellen und kann so schnell auf einen oft sehr wechselhaften Geschäftsgang reagieren.

Butterstreusel

Zutaten

500 g Butter
500 g Zucker
700 g Mehl
2 gehäufte TL Zimt

Zubereitung

Die kalte Butter wird mit dem Zucker zu einer glatten Masse geknetet. Das gesiebte Mehl wird sehr kurz untergeknetet bis Streusel entstanden sind.

Tipps und Tricks

Die Streusel lassen sich sehr gut einfrieren und bei Bedarf auch in gefrorenem Zustand auf dem Backwerk verteilen. Sie können 50 g Mehl durch Kakao ersetzen und erhalten dann Schokoladenstreusel.

Mürbeteig

Zutaten

750 g Backmargarine oder Butter
375 g Zucker
1 Ei Größe M
1125 g Mehl

Zubereitung

Die Backmargarine oder Butter muss eine weiche Beschaffenheit haben. Diese wird gewürfelt und mit dem Zucker und dem Ei zu einer glatten Masse geknetet. Anschließend wird das Mehl kurz untergearbeitet bis ein homogener Teig entstanden ist.

Tipps und Tricks

Der Mürbeteig lässt sich sehr gut einfrieren. Der mit Backmargarine hergestellte Mürbeteig ist leichter zu verarbeiten. Wenn Buttermürbeteig zu lang bearbeitet wird, entsteht ein „brandiger" Teig, der eine krümelige Beschaffenheit hat.

Grundzubereitungen

Rahmpudding

Zutaten

750 ml Milch
250 ml Sahne
150 g Butter
240 g Zucker
6 Eier Größe M
90 g Puddingpulver
20 ml Rum

Zubereitung

Mit einem feinen Schneebesen die Eier mit dem Puddingpulver und dem Rum zu einer glatten Masse verarbeiten. Anschließend Milch, Sahne, Zucker und Butter zusammen aufkochen und die fertige Eiermischung unter ständigem Rühren bei etwas reduzierter Hitze dazu geben, bis ein cremiger Pudding entstanden ist. Den heißen Pudding sofort in ein anderes Gefäß füllen und erkalten lassen.

Tipps und Tricks

Der Pudding eignet sich als Untergrund für mit frischem Obst belegte Kuchen und lässt sich auch hervorragend backen. Er findet Verwendung bei gebackenen Rahmkuchen wie z.B. dem Rhabarberrahmkuchen. Zum Einfrieren eignen sich weder der Pudding, noch die fertig gebackenen Kuchen. Nach dem Abfüllen in eine anderes Gefäß bedecke ich den Pudding direkt auf der Oberfläche mir einer Klarsichtfolie. So entsteht keine Haut und der Pudding hält sich mindestens 7 Tage im Kühlschrank.

Sandmasse

Zutaten

250 g Butter
250 g Zucker
5 Eier Größe M
250 g Mehl
½ Päckchen Backpulver

Zubereitung

Die weiche Butter mit dem Zucker schaumig schlagen. Das Mehl mit dem Backpulver sieben und abwechselnd mit den Eiern unter die weißcremige luftige Buttermasse geben bis eine homogene Masse entstanden ist.

Tipps und Tricks

Sie können 25 g Mehl durch Kakaopulver ersetzen und erhalten so eine dunkle Sandmasse. In der Sandmasse können nahezu alle heimischen Früchte gebacken werden. Mit gehackter Schokolade oder Kokosflocken lassen sich fantasievolle Abwandlungen mit Bananenwürfeln oder kleinen Quittenwürfeln kreieren. Der Kreativität sind bei der Sandmasse keine Grenzen gesetzt. Fertig gebackene Sandkuchen lassen sich hervorragend einfrieren und schmecken ungekühlt mit einem Tupfen frischer Sahne immer gut.

Warmer Schokoladenbiskuit

Warmer Schokoladenbiskuit

Bei der Eröffnung meiner Chocolaterie im Jahre 2001 beschloss ich in einer Zeit, in der ich im Drogeriemarkt die Wahl zwischen mindestens 180 Haarwaschmitteln hatte, ein Stück Einfachheit und Verlässlichkeit zu bieten. Auch erinnerte ich mich daran, dass Erwachsene, wenn sie nach schönen Erfahrungen in der Kindheit gefragt werden, sich stets an etwas erinnern, wo sie sagen können: Da haben wir immer … Das „Immer" war das Wichtige – nicht das Ereignis selber. So habe ich mich dazu entschieden, dass es von dem Tag der Eröffnung an bei mir immer den warmen Schokoladenbiskuit auf Vanillesauce mit Früchten der Saison geben würde.

Dafür stehe ich nun seit dreizehn Jahren. Ich habe tausende von warmen Schokoladenbiskuits an die Tische getragen und unzählige Gäste mit dem Genuss dieser Süßspeise erfreuen dürfen. Und immer wieder kommt es vor, dass ein fremder Mensch vor mir sitzt, der vor einigen Jahren zu Gast war, und der sich nun seit Tagen oder vielleicht auch nur seit einigen Stunden auf genau dieses Dessert freut. Und immer konnte ich diese Erwartungshaltung erfüllen. Das war sehr schön – für den Gast, und auch für mich.

Das Rezept sprang in mein Leben während meiner Zeit in der Schwarzwaldstube der Traube Tonbach. Eine junge Köchin, die inzwischen mit zwei Michelin-Sternen ausgezeichnet wurde, hatte dieses Rezept aus Frankreich mitgebracht – sie arbeitete in dieser Zeit bei mir in der Pâtisserie. Ich war so begeistert von der Einfachheit der Zubereitung und dem sensationellen Geschmack, dass dieses Dessert schnell zu unserem absoluten Favoriten wurde.

In dieser Zeit öffnete sich noch ein zweites wichtiges Genusstor für mich. Ich begann nämlich, in meine Schokoladenrezepte zum ersten Mal nur die dunkle Schokolade von einem französischen Schokoladenlieferanten einzubauen. Diese hochprozentigen Schokoladen, die bis zum heutigen Tag meine Basisprodukte geblieben sind, überstiegen geschmacklich alles, was ich je an Schokolade probiert hatte. Sie führen zu förmlichen Explosionen der Geschmacksnerven.

Dem Schokoladenbiskuit und der Valrhonaschokolade bin ich seit dieser Zeit treu geblieben.

Noch mehr vom Schokoladenbiskuit

Eine andere Geschichte mit Bezug auf meinen geliebten Schokoladenbiskuit möchte ich gerne an dieser Stelle noch erzählen. Sie hat sich im Schwarzwald zugetragen.

Ich wurde für einen Veranstaltung des Lions Clubs Kinzigtal zu meiner Freundin Gundi bestellt, die dort das Gasthaus „Zum Ochsenwirt" lenkt und leitet. Ich sollte für die besagte Gruppe einen Schokoladenabend gestalten. Gundi und mich verbindet eine lange gemeinsame Geschichte, die 1991 in der Traube in Tonbach begann, wo sie Ihre Ausbildung zur Hotelfachfrau machte und ich bei Harald Wohlfahrt die Pâtisserie leiten durfte.

Im Rahmen des Abends servierten wir den „Lions" auch zwei hochklassige Desserts – natürlich mit Schokoladenbiskuit. Die 70 Desserts verursachten eine größere Menge an zu reinigenden Backutensilien und sehr viel Geschirr.

Ein großer Teil davon kam aus meiner Schokoburg. Angstvoll schaute ich zu, wie meine vielen Kleinteile und Förmchen von dem ganz normalen Wahnsinn einer Hotelspülküche verschluckt wurden und im trüben Spülwasser und den langen Haubenspülmaschinen versanken. Die Spülarbeit besorgten an diesem Abend die Seniorchefin und Mutter von Gundi, zusammen mit der alten Theresia, die seit dem Anfang der 50er Jahre im Ochsenwirtshof lebte und arbeitete. Die beiden Frauen, die jenseits des 80. Lebensjahres waren, durchtränkten die Küche mit einer stillen Energie von arbeitsamer Gelassenheit und Ruhe.

Ihre Hände standen nie still und arbeiteten altersgemäß sehr langsam, jedoch mit viel Hingabe und einer ungewöhnlichen Präsenz die anfallenden Aufgaben ab.

Meine Frage an die beiden Frauen nach einem Schwammtuch zum Abwischen der Tische wurde mit vier fragenden Augen beantwortet. Als Wischtücher dienten an diesem Ort im Schwarzwald nämlich nur ausgediente Bettwäschereste, wie das halt in den Küchen der vorangegangen

Generationen lange so üblich gewesen war. Es gab da damals noch keinen Supermarkt mit Regalen voller Schwamm- und anderer Putztücher.

Sauber aufgereiht auf besagter alter Bettwäsche also fand ich jedoch bald mein schon verloren geglaubtes Geschirr wieder. Ein weißes Laken lag ausgebreitet auf einem Tisch, und darauf lagerten nebeneinander, feinst säuberlich gespült, getrocknet und poliert, alle meine kostbaren Kleinteile. Dieser Anblick erfüllte mich mit einer staunenden Ehrfurcht. Alle diese zahllosen Kleinteile waren durch die Hände der beiden Frauen gegangen und mit großer Sorgfalt, gereinigt, poliert und schließlich sanft auf dem Tuch platziert geworden.

Es war hingebende Aufmerksamkeit, die diesen Dingen zuteilgeworden war. Das hatte eine spürbar und sichtbar weitreichende Strahlkraft zur Folge, welche dieser ganz normalen Spülküche einen eigenartigen Glanz verlieh.

Wie eine Sonne strahlten mich in dieser Nacht meine Förmchen an und das nur, weil ihnen so viel Achtsamkeit und Sorgfalt von zwei alten Frauen zuteil geworden war. Die beiden Alten haben einen unvergesslichen Platz in meinem Herzen…

Warmer Schokoladenbiskuit

Zubereitung

Die Eier mit dem Zucker auf dem Wasserbad bis ca. 60 °C unter ständigem Schlagen erwärmen. Danach werden die Eier kalt geschlagen, bis eine helle, schaumige Masse entstanden ist. In der Zwischenzeit werden die 75 g Kuvertüre auf dem Wasserbad aufgelöst. Flüssige Kuvertüre, Butter und Mehl werden unter die geschlagene Eiermasse gemischt. Anschließend für mindestens 2 Stunden in den Kühlschrank geben.

Teflonformen ausbuttern und mit Mehl bestäuben. Die fertige Schokoladenmasse bis kurz unter den Rand einfüllen und in den Backofen geben.

Der andere Teil der Kuvertüre wird ebenfalls im Wasserbad aufgelöst und anschließend auf einem Backtrennpapier dünn aufgestrichen. Nach dem Aushärten wird die Schokoladenplatte in 6 gleich große Teile geschnitten und nach dem Backen auf den frisch gestürzten Schokoladenbiskuit gelegt.

Backen: 12 Minuten bei 185 °C Umluft oder bei 210 °C Ober-Unterhitze

Tipps und Tricks

Die mit der Biskuitmasse eingefüllten Teflonformen können eingefroren werden und dann nach Bedarf im gefroren Zustand in den vorgeheizten Ofen gegeben werden.

Zu dem warmen Schokoladenbiskuit passt nahezu jedes Fruchtkompott. Angefangen von Orangen im Januar über Rhabarber, frische Beeren und Aprikosen bis hin zu den Früchten des Herbstes wie glasierte Äpfel, Birnen, Zwetschgen oder Quitten.

Ausreichend für die Menge
von 6 Portionen
Backform: Teflonform mit 8 cm Ø

Zutaten

3 Eier Größe M
75 g Zucker
80 g Butter flüssig
75 g Kuvertüre 60 % Kakaoanteil
35 g Mehl

150 g Kuvertüre 60 % Kakaoanteil
etwas Butter zum Fetten der Formen
etwas Mehl zum Ausmehlen der Formen

Schmandkuchen

Ich weiß bis zum heutigen Tag nicht, ob der Schmandkuchen, die Missverständnisse mit den Umzugskisten oder einfach die Tatsache, dass meine Freundin bei den Männern schon immer besser ankam als ich, die tatsächliche Ursache des Bruches zwischen uns war. Ich weiß jedoch, dass ich nie wieder einen besseren Schmandkuchen gegessen habe als den, welchen meine Kollegin und langjährige Weggefährtin zubereitet hat.

Es scheint mir hier wie mit dem aus dem Urlaub mitgebrachten Rotwein aus der Toskana, der auf der Terrasse zu Hause aus den eigenen Gläsern ohne die Olivenbäume und den Kellner Antonio einfach nicht mehr genau so schmeckt, wie an jenem lauschigen, italienischen Sommerabend.

Dazu eine alte Weisheit: Ein handwerkliches Rezept kann nie hundertprozentig nachgebaut werden. Es sind stets die Feinheiten, die kleinen Kniffe, welche das Produkt zu einem individuellen Genuss werden lassen. Da sind die Beschaffenheit und Größe der Backform, die Auswahl der Zutaten, die Art des Ofens. Das Wichtigste aber scheint mir die individuelle Befindlichkeit, mit der ich mich dem Produkt zuwende und in sein Werden meine Liebe oder Unlust hineinfließen lasse. Selbst der Ort des Genusses ist von großer Bedeutung. Mit all dem deute ich ganz einfach die feinen Schwingungen zwischen den Zeilen, die ich selbst bei einer noch so genauen Beschreibung des Rezeptes nicht mitliefern kann.

Meine Rezepte werden Ihnen mit den von mir gelieferten Beschreibungen zwar immer gelingen. Sie werden jedoch unter Ihren Händen erst richtig lebendig, wenn sie mit Ihrer Liebe und Persönlichkeit getränkt werden.

Für den Schmandkuchen habe ich immer einen „Bausatz" im Kühlschrank, der aus einem Teig, Vanillepudding und der fertig angerührten Schmandmasse besteht. So habe ich innerhalb von maximal zwei Stunden einen herrlich frischen, servierfertigen Kuchen.

Schmandkuchen

Schmandkuchen

Zubereitung

Backmargarine, Puderzucker, das Ei und Backpulver werden zusammen geknetet. Anschließend wird das Mehl kurz untergearbeitet bis ein geschmeidiger, weicher Teig entstanden ist. Den fertigen Teig für mindestens 30 Minuten in den Kühlschrank geben.

Den Teig auf eine runde Fläche von 26 cm Ø ausrollen und den Tortenring darum stellen bzw. den Boden der Springform damit auslegen. Anschließend den Rahmpudding gleichmäßig auf dem Teig verteilen. Dieser Boden wird nun 20 Minuten gebacken.

In der Zwischenzeit werden Schmand, Eier, Zucker und Puddingpulver mit dem Schneebesen zu einer glatten Masse verrührt. Diese Masse wird nach der ersten Backzeit von 20 Minuten auf den heißen Boden gegeben.

Nun kommt der Kuchen erneut 12 Minuten in den Backofen. Nach dem Auskühlen wird mit einem kleinen Sieb etwas Zimt auf der Oberfläche verteilt.

Backen: 32 Minuten bei 180 °C Umluft oder bei 200 °C Ober-Unterhitze

Tipps und Tricks

Der Schmandkuchen schmeckt tagesfrisch am besten. Sie können den Kuchen 2 Stunden nachdem er gebacken wurde und noch kurz im Kühlschrank war, problemlos anschneiden. Der Kuchen eignet sich nicht zum Einfrieren. Teig, Pudding und Schmandmasse können mindestens 6 Tage im Kühlschrank „als Bausatz" gelagert werden und bei Bedarf kann der Kuchen in sehr kurzer Zeit „zusammengebaut" werden.

Backform: Tortenring oder Springform mit 26 cm Ø

Zutaten

125 g Backmargarine
100 g Puderzucker
1 Ei Größe M
5 g Backpulver
200 g Mehl
800 g Schmand
2 Eier Größe M
75 g Zucker
20 g Puddingpulver
200 g Rahmpudding,
siehe Grundrezept S. 14
etwas Zimt für die Oberfläche
des fertigen Kuchens

Rührkuchen

Die Zauberformel für einen Rührkuchen, in der Fachsprache auch Sandmasse genannt, lautet 1:1:1:1. Diese Zahlen stehen für Butter, Zucker, Eier und Mehl. Alles wird zu gleichen Teilen miteinander vermischt. Etwas Backpulver ist von Vorteil, jedoch nicht notwendig. Wirklich wichtig ist nur, dass die Butter weich ist und die Masse sehr schaumig geschlagen wird.

Mit dieser magischen Formel ist jeder in der Lage, an jedem beliebigen Ort einen Rührkuchen zuzubereiten, ganz ohne Rezeptbuch, ohne spezielle Form und ohne aufwendige Maschinen, also mit dem Handmixer oder zur Not mit einem Schneebesen. Man braucht lediglich noch eine Form und einen Backofen.

Die Liste an weiteren Zutaten, die man dem fertigen Rührteig zugeben kann, ist schier unendlich: Schokoladenstücke, Bananenscheiben oder Apfelschnitze machen daraus unzählige Variationen von beliebten Kuchen. Es gibt kaum eine Frucht, die man nicht in der Masse versenken kann, und natürlich unendlich viele Zutaten zur Ergänzung. Mit Kreativität und einem sicheren Gefühl für Geschmackskombinationen kann man mit einer einzigen Masse hier geradezu ein Kuchenuniversum erschaffen!

Für meine berufstätige Mutter war diese zahlenmäßig klar strukturierte Sandmasse immer die Basis zu einem schnellen, nicht aufwendigen und sicher gelingenden „versunkenen Apfelkuchen". Sie hasste genaue Rezepte, ihr war das zu umständlich. Aber bei 1:1:1:1 genügte ihr zum Abmessen schon eine frisch gespülte Tasse – und los ging's. Mürbe, halbierte Äpfel, ungeschnitzelt wohlgemerkt, waren fix vorbereitet. Sie werden vom Kernhaus befreit und mit der Schnittseite nach unten auf die in eine gefettete Springform gestrichene Sandmasse gelegt. Danach werden die Apfelhälften leicht eingeritzt und dann geht's auch schon in den Backofen. Wir Kinder liebten diesen Kuchen mit den großen, saftig-weichen Apfelbrocken, und im Handumdrehen waren die Kuchenplatten, vor allem bei Kindergeburtstagen, total leergefegt.

Wenn es in meiner Chocolaterie schnell gehen muss, schlage ich eine große Menge Sandmasse an, verteile diese auf ungebackene Mürbeteigböden und streue Kirschen, Rhabarber oder Äpfel darauf. Die Oberfläche variiert mal mit Streusel mal mit Puderzucker oder mit Gelee und Mandelblättchen. Ein weiterer unschätzbarer Vorteil dieser Kuchen – sie lassen sich hervorragend einfrieren und sind ein sicherer Vorrat, wenn kurzfristig mit einem großen Ansturm von Gästen zu rechnen ist.

Mich erfreut immer wieder die Einfachheit der Zubereitung und ich kenne niemanden, dem dieser fast urige Rührkuchen nicht schmeckt.

Versunkener Apfelkuchen

Versunkener Apfelkuchen

Zubereitung

Die weiche Butter wird mit dem Zucker aufgeschlagen. Dann das Mehl mit dem Backpulver sieben und abwechselnd mit den Eiern unter die weißcremige Buttermasse geben, bis eine homogene, luftige Masse entstanden ist. Die fertige Masse in die gefettete Springform geben und gleichmäßig verteilen.

Die Äpfel schälen, halbieren und das Kerngehäuse entfernen. Anschließend werden die Apfelhälften mit der glatten Seite nach unten auf den Rührteig in der Springform gelegt. Zum Schluss werden die Äpfel mit einem kleinen Messer auf der Oberfläche mehrfach eingeritzt. Danach kommt der Kuchen in den vorgeheizten Backofen.

Backen: 40 Minuten bei 180 °C Umluft oder bei 200 °C Ober-Unterhitze

Tipps und Tricks

Um halbierte Äpfel zu entkernen, bevorzuge ich den Kugelausstecher, der auch unter dem Namen Parisienne-Ausstecher bekannt ist.

Wenn der Kuchen nach dem Backen mit gekochtem Apfelgelee eingepinselt wird, entsteht eine glänzende Oberfläche und der Kuchen bleib schön saftig.

Backform: Springform 26 cm Ø

Zutaten

150 g Butter
150 g Zucker
3 Eier Größe M
150 g Mehl
½ Päckchen Backpulver
5 Äpfel mittelgroß
etwas Butter zum Einfetten der Springform

Rhabarber

Wenn im März die kalte Jahreszeit einfach nicht enden mag und der Hunger nach Wärme, Farben und Sonne immer größer wird, beginnt in meinem Garten ganz still aus dem scheinbaren Nichts die Zeit des Rhabarbers.

Ich liebe diese Zeit ganz besonders. Denn der Rhabarber bildet den Auftakt zu einem scheinbar nicht enden wollenden Erntestrom von Blüten und Früchten, der erst mit der Quitte im Oktober zum krönenden Abschluss kommt.

Wenn die rötlichen, kraftvollen Triebe beginnen ans Licht zu drängen, ist der Frühling nicht mehr weit. Faszinierend finde ich in jedem Jahr erneut, in welcher Geschwindigkeit die riesigen Elefantenohrenblätter an den hochschießenden grünroten, dicken Stängeln plötzlich einen so großen Raum in meinem Garten einnehmen. Und die saftigen, oxalsauren Stängel sind beim Rhabarber die Frucht! Die entblätterten Stangen lassen sich leicht verarbeiten und verströmen in meiner Schokoladenküche einen unverkennbaren Geruch. Es riecht eindeutig nach Frühling…

Wenn dann Mitte April in der Chocolaterie die ersten Rhabarberkuchen auf der Tafel stehen, werden mir diese förmlich aus den Händen gerissen und nicht selten wird statt einem Stück Kuchen mit zwei Gabeln ein zweites Stück mit einer Gabel nachbestellt.

Ich habe inzwischen eine kleine Sammlung von Rhabarber- und Rhabarberkuchenrezepten und möchte einige Variationen davon vorstellen.

Zum Höhepunkt gelangt die Rhabarbersaison dann, wenn sich die Frucht mit den ersten Erdbeeren vermählt. Dann serviere ich für kurze Zeit den warmen Schokoladenbiskuit mit einem Ragout von Erdbeeren und Rhabarber. Dieser fügt sich ein in die Sammlung der himmlischen Genüsse, die aufgrund der so kurzen Verfügbarkeit mein Herz immer wieder jubeln lassen.

Rhabarberkuchen

Rhabarberkuchen

Zubereitung

Den Mürbeteig auf eine runde Fläche von 26 cm Ø ausrollen und den Tortenring darum stellen bzw. den Boden der Springform damit auslegen. Den Rhabarber waschen, schälen und in Würfel schneiden.

Anschließend die weiche Butter mit dem Zucker schaumig schlagen. Das Mehl mit dem Backpulver sieben und abwechselnd mit den Eiern unter die weißcremige luftige Buttermasse geben, bis eine homogene Masse entstanden ist. Zuerst die fertige Sandmasse auf dem ausgerollten Mürbeteig verteilen und dann die Rhabarberwürfel darauf legen.

Backen: 50 Minuten bei 180 °C Umluft oder bei 200 °C Ober-Unterhitze

Tipps und Tricks

Der Kuchen kann schon kurz nach dem Backen aufgeschnitten werden und schmeckt lauwarm mit frisch geschlagener Sahne einfach himmlisch.

Backform: Tortenring oder Springform mit 26 cm Ø

Zutaten

400 g Mürbeteig,
siehe Grundrezepte S. 13
600 g Rhabarber
150 g Butter
150 g Zucker
3 Eier Größe M
150 g Mehl
½ Päckchen Backpulver

Rhabarberrahmkuchen

Zubereitung

Den Mürbeteig auf eine runde Fläche von 26 cm Ø ausrollen und den Tortenring darum stellen bzw. den Boden der Springform damit auslegen. Den Rhabarber waschen, schälen und in ca. 2 cm große Würfel schneiden. Erst das Weckmehl und dann den Rhabarber auf dem ausgerollten Mürbeteig verteilen. Den Rahmpudding wie in der Beschreibung beim Grundrezept S. 14 zubereiten und gleichmäßig auf dem Rhabarber verteilen. Zum Schluss die Butterstreusel darauf streuen.

Backen: 60 Minuten bei 180 °C Umluft oder bei 200 °C Ober-Unterhitze

Tipps und Tricks

Der Rahmpudding kann auch kalt darüber gegeben werden. Dadurch verlängert sich die Backzeit um 10 Minuten. Der Kuchen lässt sich frisch gebacken sehr schlecht portionieren und sollte vor dem Anschneiden mindestens 12 Stunden bei Raumtemperatur abkühlen.

Backform: Tortenring oder Springform mit 26 cm Ø

Zutaten

400 g Mürbeteig,
siehe Grundrezepte S. 13
300 g Butterstreusel,
siehe Grundrezepte S. 13
150 g Weckmehl oder süße Brösel
800 g Rhabarber
375 ml Milch
120 ml Sahne
120 g Zucker
75 g Butter
3 Eier Größe M
45 g Puddingpulver
2 cl Rum

Hefegebäck

Ich kann nicht verstehen, wie ein so kleiner Zauberwürfel, bestehend aus 42 Gramm Hefe, so günstig in den Lebensmittelhandel kommen kann. Ganze 19 Cent muss ich heute für ein gekühltes, verpacktes und funktionsfähiges Hefeklötzchen bezahlen. Es gehört zu den biologischen Backtriebmitteln und ist für mich ein kleines Wunder.

In der Backstube meiner Konditoren-Ausbildung gab es vier Produktionsorte. Das waren die sogenannten Posten und einer davon war der Hefeteigposten. Dieser Arbeitsplatz wurde zu meiner Lehrzeit von einem erfahrenen Bäcker mit Leben erfüllt, von dem ich viel gelernt habe.

Wir verarbeiteten die Hefe dort kiloweise mit Planetenrührmaschinen, einer Ausrollmaschine und einer Klievmaschine. Diese Klievmaschine, ein monströses Gerät mit der Aufschrift „Fortuna", verarbeitete einen sogenannten Teigbruch zu 30 gleich großen Teigkugeln. Wenn die Maschine ihre Arbeit getan hatte, kamen unsere Hände zum Einsatz und verwandelten den samtigen Teig auf einem Holztisch zu Zöpfen und Hörnchen oder einer der unzähligen anderen Hefeteigspezialitäten der Konditorei.

Ich kenne keinen Teig, der vielseitiger verwendbar und ofenfrisch unwiderstehlicher ist, als der Hefeteig. Ein frisch gebackener Butterkuchen, der gerade aus dem Ofen geschlüpft ist, gehört mit zu den ganz großen Genüssen der Backkunst.

Viele Jüngere fürchten sich heute vor dem Hefeteig wie vor keinem anderen Backwerk. Wahrscheinlich liegt es daran, dass der Hefeteig Geduld erfordert, die stille einstündige Geduld einer sanften Wärme, bis der Teig gegangen ist. Denn in der Hefe sind z.B. im Gegensatz zum leblosen Backpulver lebendige Wesen, Pilze, am Werk, und die wollen „gesehen" werden.

In Wirklichkeit ist die Herstellung von Hefeteig kinderleicht, wenn man dieses Pilzwesenleben beachtet, das den Trieb im Teig hervorbringt. Denn es gibt nur zwei harmlose Missgriffe für einen gänzlich misslungenen Hefeteig. Der erste ist: Hefe mag vor dem Backen keine Temperaturen über 42 °C. Beim Auflösen der Hefe in einer Flüssigkeit darf diese daher unter keinen Umständen wärmer sein. Die Pilzwesen sterben und die Triebkraft geht dabei vollständig verloren. Zurück bleibt ein kleines, festes, ungenießbares Backwerk. Und der zweite Fehler: Man darf den Teig nicht übergehen lassen, d.h. ihn nicht stundenlang in einer lauen Wärme herumstehen lassen. Das mag er nicht. Nach einer Stunde muss er entweder in den Kühlschrank, oder eben weiterverarbeitet werden.

Ich gebe die Hefe meistens unaufgelöst mit den restlichen Zutaten direkt zum Teig und hatte in meiner Konditorenlaufbahn noch nie ein missratenes Backergebnis.

Streuselkuchen

Zubereitung

Die Milch auf ca. 40 °C erwärmen und die Hefe darin auflösen.

Mehl, weiche Butter, Zucker, Eier und Salz in eine Schüssel geben und mit der aufgelösten Hefe zu einem glatten Teig verarbeiten.

Den Teig ca. 20 Minuten ruhen lassen. Anschließend auf Blechgröße ausrollen und das gefettete Backblech damit auslegen. Zuerst den Rahmpudding und dann die Butterstreusel gleichmäßig auf der Oberfläche verteilen. Dann den Kuchen zum „Gehen" an einen warmen Ort stellen. Wenn sich das Teigvolumen verdoppelt hat, kommt der Streuselkuchen in den Ofen.

Backen: 25 Minuten bei 190 °C Umluft oder bei 210 °C Ober-Unterhitze

Tipps und Tricks

Hefeteig sollte immer frisch zubereitet werden. Die frische Hefe kann mit einer entsprechenden Menge Trockenhefe ausgetauscht werden.

Zwischen den Rahmpudding und die Streusel können viele verschiedene Früchte wie z. B. Zwetschgen, dünne Apfelscheiben oder auch Aprikosen gelegt werden.

Backform: Backblech

Zutaten

500 g Mehl
30 g Hefe
200 ml Milch
70 Butter
70 g Zucker
2 Eier Größe M
1 Prise Salz
etwas Butter zum Einfetten des Backbleches
500 g Rahmpudding,
siehe Grundrezept S. 14
600 g Butterstreusel,
siehe Grundrezept S. 13

Traube Tonbach

Wie ich zu Harald Wohlfahrt in das Restaurant Schwarzwaldstube in der Traube Tonbach kam

Alle hätten gesagt, es geht nicht. Ich wusste nicht, dass es nicht geht und habe es einfach gemacht.

Im Juli 1991 war ich frischgebackene Konditormeisterin und hatte im Anschluss an meine Meisterschule noch keine neue Stellung in Aussicht. So machte ich mich ins Heidelberger Jobcenter auf, das damals noch Arbeitsamt hieß, um bürokratische Formalitäten auf den Weg zu bringen.

Ich zog brav meine Nummer und landete alsbald bei einem Herrn, der auf seinem Schreibtisch eine aufgeschlagene Zeitung liegen hatte. Nachdem ich auf der anderen Seite des Tisches Platz genommen hatte, verschwand dieser Herr in ein anderes Zimmer.

Ich begann die auf dem Kopf liegende Zeitung zu studieren. Dabei sprang mir eine kleine Anzeige ins Auge: „Traube Tonbach sucht eine/n Chef Pâtissier/Chef Pâtissière für das Restaurant Schwarzwaldstube." Ich erinnerte mich schlagartig an meinen lieben Kochkollegen Wolfgang, mit dem ich so manche Nacht in meiner Zeit im Nassauer Hof in Wiesbaden durchgezecht hatte. Seine Wanderjahre als Koch hatten ihn in die Schwarzwaldstube geführt. Da ich den Koch gern mochte, dachte ich bei mir: „Da könnte ich auch hingehen." Noch in dem kleinen Büro notierte ich mir die Telefonnummer und den Ansprechpartner aus der Traube Tonbach.

Als ich im Arbeitsamt fertig war, marschierte ich schnurstracks in eine Telefonzelle an der Ecke gegenüber und rief einfach direkt den damaligen Direktor Erdmann Degler an, um mich für die Stelle zu bewerben. Als meine Mutter davon hörte, sagte sie lapidar: „Bist du wahnsinnig – die nehmen dich nie, die haben ja Sterne! …"

Doch sie haben mich genommen und wenig später begann ich in der Schwarzwaldstube bei

Brigade der Schwarzwaldstube im November 1995

u.a. Christian Bau, Gourmet Restaurant, Schloss Berg
Sven Büttner, Hotel Vier Jahreszeiten, München
Stephan Gass, Restaurant Schwarzwaldstube, Traube Tonbach
Stefan Hermanns, Restaurant bean & beluga, Dresden
Eva Heß, Chocolaterie im Gasthaus „Zur Burg", Dilsberg
Douce Steiner, Restaurant Hirschen, Sulzburg
Harald Wohlfahrt, Restaurant Schwarzwaldstube, Traube Tonbach
Ralf Zacherl, Berlin

Stand September 2014

Traube Tonbach

Harald Wohlfahrt als Chef Pâtissière zu arbeiten. Was mich in diesem Haus erwarten würde, mit seinen damals noch zwei Sternen, habe ich nicht im Ansatz geahnt. Heute danke ich Gott, dass ich es nicht wusste…

Es begann eine äußerst harte, aber auch äußerst lehrreiche Zeit, die mich für mein ganzes gastronomisches Leben geprägt hat. Ich habe mich durchgebissen und wurde eine richtig gute Pâtissière. In meiner Zeit in der Schwarzwaldstube kam der dritte Michelinstern dazu. Das war ein unvergessliches Ereignis. Mit allen meinen Kollegen wusste ich, dass wir hinter der treibenden Kraft von Harald Wohlfahrt alle unseren Anteil daran hatten. Ich bin sehr dankbar,

dass ich damals zu dieser Brigade gehörte und diesen Tag im November 1993 erleben durfte.

Nach etwa vier Jahren war meine Zeit in Tonbach zu Ende. Doch bis heute strahlen die Sterne dieser reichgefüllten Zeit hell in mein Leben und sind auch leuchtende Sterne in meinem Lebenslauf.

Ich verließ 1996 die Küche der Schwarzwaldstube von einem auf den anderen Tag. Doch mit Harald Wohlfahrt habe ich bis heute in Erinnerung an unsere gemeinsame Zeit Begegnungen, die von großer menschlicher Wärme und Respekt geprägt sind.

Brioche

Die Brioche zeigt schon am Namen ihre französische Herkunft. Sie ist ein feines Tafelgebäck aus ei- und fettreichem Hefeteig, das in vielen verschiedenen Arten und Ausformungen hergestellt wird.

Zum ersten Mal begegnete mir die Brioche in meiner Lehrzeit. Da fertigten wir am Hefeteigposten die Brioches in zweierlei Größen. Diese Herstellung ist handwerklich sehr anspruchsvoll und braucht viel Geschick und das richtige Gefühl für den geschmeidigen, samtigen Teig. Besonders beeindruckend fand ich das Einschneiden des fertig gegangenen Teiges kurz vor dem Backen mit einer nassen Schere.

In meiner Zeit bei Harald Wohlfahrt kam ich mit einer ganz anderen Machart des Briocheteiges in Kontakt. Dort lernte ich, dass man die Brioche auch in Kastenformen backen kann. Zu jeder der Dreisterne-Vorspeisen wurde in der Traube Tonbach eine beidseitig leicht getoastete Scheibe gereicht.

Dieses Rezept enthält unglaublich viel Butter und Eier. Die Teigführung mit sehr wenig Hefe geht über 36 Stunden. Auf diese Weise entwickelt die Stangenbrioche ihren unverwechselbaren, hefigen Geschmack. Ein Mal in der Woche stellte ich den anspruchsvollen Teig her und lagerte den Tagesbedarf jeweils portionsweise im Gefrierschrank.

Der letzte müde Handgriff nach einem langen, arbeitsreichen Tag war dann immer der Griff in den Froster, um den tiefgefrorenen Teig herauszunehmen und ihn für den kommenden Tag im Kühlschrank zu lagern. Das bedeutete viel Verantwortung, und diesen letzten Griff zu vergessen, glich einer Katastrophe. Ich weiß noch, wie ich eines Nachts aufwachte und schlagartig wusste, dass kein Teig im Kühlschrank war… Vor der Geburt meines Sohnes war dies das erste Mal in meinem Leben, dass ich nachts freiwillig aufgestanden bin….

Und manchmal wache ich heute noch von einem schrecklichen Albtraum auf, nämlich, dass im Kühlschrank bei Harald Wohlfahrt in der Traube Tonbach kein Brioche-Teig liegt…

Brioche

Zubereitung

Das Wasser auf ca. 40 °C erwärmen und die Hefe darin auflösen.
Mehl, weiche Butter, Zucker, Eier und Salz in eine Schüssel geben und mit der aufgelösten Hefe zu einem glatten Teig verarbeiten. Dann den Teig 2 Stunden bei Zimmertemperatur stehen lassen. Dann wird der Teig erneut geknetet und kommt dann für 24 Stunden abgedeckt in den Kühlschrank.

Die Kastenformen werden eingefettet und mit Mehl bestäubt.
Am anderen Tag den Teig in zwei gleich große Teile aufteilen und zu gleichmäßigen Strängen formen. Diese werden in die Kastenformen eingelegt.

Nun muss der Brioche so lange „gehen", bis der Teig kurz unter der Oberkante der Formen angekommen ist. Das kann bis zu 4 Stunden dauern und richtet sich nach der Umgebungstemperatur. Wenn der Teig ausreichend „gegangen" ist, kommen die Formen in den Ofen.

Backen: 15 Minuten bei 210 °C Ober-Unterhitze

Tipps und Tricks

Manche Öfen haben die Möglichkeit, eine Temperatur von 40°C einzustellen. So kann das „Gehen" des Teiges etwas beschleunigt werden.

Besonders gut schmeckt der Brioche, wenn die Scheiben kurz getoastet werden. Der Teig und auch der fertig gebackenen Brioche eignen sich hervorragend zum Einfrieren. Der Teig sollte jedoch erst nach der Ruhezeit von 24 Stunden in einzelnen Portionen eingefroren werden.

Zum Auftauen kommt der Teig für mindestens 8 Stunden in den Kühlschrank.

Backform: Zwei Kastenformen

Zutaten

500 g Mehl
250 g Butter
5 Eier Größe M
35 g Zucker
15 g Hefe
25 ml Wasser
15 g Salz
etwas Butter zum Einfetten der Kastenformen
etwas Mehl zum Ausmehlen der Formen

Erdbeerkuchen

In unserer modernen globalen Konsumwelt sind Erdbeeren inzwischen ganzjährig aus jedem Winkel unseres Erdballs in unterschiedlichen Qualitäten erhältlich. In unseren Breitengraden kommt jedoch die Saison immer erst im Juni zu ihrem Höhepunkt. Zu Frühsommerzeiten erinnere ich mich manchmal an die Erdbeerfelder meiner Kindheit, auf denen wir selbst pflücken und so viel essen durften, wie wir konnten. Da waren wir Kinder für einige Stunden im großen Erdbeerhimmel, füllten natürlich ausschließlich unsere kleinen Mägen und überließen meiner Mutter großzügig die zu füllenden Körbe.

Erdbeerkuchen – schon das Wort erweckt sofort Phantasien in unserem Geist und zaubert den Duft wirklicher Erdbeeren in unsere Erinnerung. Also … beim Erdbeerkuchen kann es für mich nur den Einen geben, der sich wie folgt aufbaut: Mürbteigboden, Erdbeerkonfitüre, Biskuitboden, richtig guter selbstgemachter Vanillepudding, Unmengen von Erdbeeren, wenig Geleeguss, und zum Einmanteln des Kuchens sehr fein gehobelte und geröstete Mandelblättchen.

Schwierig wird es, wenn ich mich in meiner Chocolaterie auf viele Gäste einstelle und diese ausbleiben. Der prachtvollste Erdbeerkuchen ist am nächsten Tag leider nicht mehr verkäuflich. Das andere Extrem ist auch nicht einfach. Es gibt viele Gäste, die auf meiner Werbetafel in schönster Kreideschrift gelesen haben: „Heute frischer Erdbeerkuchen!" In dieser Vorfreude spazieren sie gemütlich über den historischen Dilsberg. Und wenn sie dann so richtig lustvoll hungrig bei mir einkehren, ist der Erdbeerkuchen leider, leider ausverkauft. Die nachfolgenden Kommentare der Enttäuschten kann ich nach vielen Berufsjahren gelassener an mir abgleiten lassen… Ein Erdbeerkuchen ist halt keine Linzertorte.

Die Menge ist kaum einzuschätzen. So haben wir die Wahl: Entweder wir essen den Kuchen selbst oder ich habe enttäuschte Gäste. Ganz sicher jedoch ist, dass der Erdbeerkuchen mit frisch geschlagener Sahne zu den Hochgenüssen des beginnenden Sommers gehört.

Noch eine kleine Geschichte zum beschriebenen Kuchen. In meiner Zeit als Konditorin in Wangen im Allgäu haben wir zur Erdbeersaison vor allem am Wochenende sehr viele Erdbeerkuchen hergestellt. Diese wurden in einem kleinen Kühlhaus auf langen Holzdielen mit je fünf Kuchen gelagert. Der Weg aus dem Kühlhaus führte über eine steile Kellertreppe in den Verkaufsraum. Wir schulterten die Dielen einhändig und lupften so die Kuchen hinauf. An einem Junisonntag aber bekam meine Diele eine unerwartete Schräglage – die Erdbeerkuchen konnten wir nicht einmal mehr selber essen…

Erdbeerberkuchen

Erdbeerkuchen

Zubereitung

Den Mürbeteig ca. 2 mm stark ausrollen und mit dem Kuchenring ausstechen. Anschließend den Mürbeteigboden auf ein mit Backpapier belegtes Blech legen und 10 Minuten goldbraun backen.

In der Zwischenzeit den Biskuit vorbereiten. Dazu die Eier trennen und das Eiweiß mit dem Zucker aufschlagen. Eigelb unter die aufgeschlagene Eiweißmasse heben und zum Schluss Mehl und Stärke darüber sieben und unterheben. Die fertige Masse in einen Kuchenring füllen und im vorgeheizten Ofen 15 Minuten backen. Nach dem Auskühlen wird der Boden aus dem Ring gelöst.

Danach wird der Mürbeteigboden mit der Erdbeerkonfitüre bestrichen und der Biskuitboden aufgelegt. Den Vanillepudding nun gleichmäßig auf der Oberfläche und dem Rand des Kuchens verteilen.

Anschließend den Boden dicht mit den Erdbeeren belegen und den Tortenguss wie auf der Packung beschrieben zubereiten. Die Erdbeeren dünn mit dem Tortenguss bepinseln und den Rand des Kuchens mit den gehobelten Mandeln bedecken.

Backen:
Mürbeteig: 10 Minuten bei 180 °C Umluft oder bei 200 °C Ober-Unterhitze
Biskuit: 15 Minuten bei 180 °C Umluft oder bei 200 °C Ober-Unterhitze

Tipps und Tricks

Der Erdbeerkuchen lässt sich am besten mit einem elektrischen Messer aufschneiden. Mit dem angegebenen Rezept können auch zwei kleine Kuchen gemacht werden. Die Biskuitböden werden dann jedoch etwas flacher.

Die Früchte können mit frischen Beeren oder Obst ausgetauscht werden. Diese Art von Kuchen sollte immer ganz frisch zubereitet und gegessen werden.

Backform: 1 Kuchenring mit 26 cm Ø oder zwei Kuchenringe mit 18 cm Ø

Zutaten

Mürbeteigboden und Biskuit
4 Eier Größe M
100 g Zucker
80 g Mehl
40 g Stärke
350 g Mürbeteig,
siehe Grundrezepte S. 13
100 g Erdbeerkonfitüre
150 g Rahmpudding,
siehe Grundrezept S. 14

Fruchtbelag
750 g Erdbeeren
250 ml Wasser
1 Päckchen Tortenguss klar
30 g Wasser
75 g Mandelblättchen geröstet

Holunder

*Dein sahneweißes Blühen
erinnert an Spitzen
aus Flandern
und deine Blätter
riechen unverwechselbar
du
meine Frühsommerwunder
Holunder*

*Aus welchem
Weichholz
kann man so
Flöten schnitzen
um Lieder zu spielen
zum Preis deines Schöpfers
im Herbst noch
wenn die Amseln
deine Blaubeeren picken*

Irmgard Heß

Der Geruch und der Geschmack von Holunderblütensirup begleiten mich seit meiner Kindheit. Bei meiner Mutter gab es lange in jedem Jahr Holunderblütensirup, den wir oft in den Sommermonaten eisgekühlt mit Wasser aufgegossen haben. Unser Haushalt führte weder Cola noch Fanta. Es gab Sprudelwasser in Mehrwegflaschen, Leitungswasser und zu sehr seltenen Anlässen auch mal eine Kiste Zitronensprudel. Im Herbst, nach unserer Apfelernte und dem Familienereignis des Mostpressens beim letzten Küfer in der Region, erweiterte sich unser kindliches Getränkesortiment für zehn Tage mit frischem, süßem Apfelsaft. Sobald dieser jedoch zu gären begann und sich in Most verwandelte, blieb der aufgegossen Holundertrunk das einzige Süßgetränk für uns Kinder.

Im Herbst gab es dann und wann einen violettblauen süßen Grießbrei mit Holunderbeeren aus Großmutters Rezeptbüchlein. Der „Holderbrei" schmeckte eigenartig – wir Kinder mochten ihn nicht wirklich – aber die Mutter behauptete felsenfest, dass er sehr gesund sei. In der feinen Gourmet-Küche haben sich die blauen Beeren des Holunders inzwischen einen mächtigen Platz erobert und sind aus vielen Marmeladen-, Sirup- und Süßspeisenvariationen nicht mehr wegzudenken.

Auch ich servierte in der 3-Sterne-Pâtisserie Holunderblütensüppchen mit Erdbeeren und geeistem Limonenschaum. Dieses Süppchen war in der Tat ein kulinarisches Frühsommerwunder, was den Ansprüchen dieser Küche in jeder Hinsicht gerecht wurde.

Wenn die weißen Wolkenschäumchen des Holunders am Ende des Wonnemonats Mai in den Himmel ragen, gehe ich nie ohne Zwickschere und einem passenden Behältnis aus dem Haus. Ich kenne viele gut erreichbare Sträucher, an denen ich auf meinen täglichen Trampelpfaden, dem Fußweg in die Chocolaterie oder der Fahrt zum Großmarkt, vorbei komme. Dort schneide ich dann die cremigen, bittersüß duftenden Blütendolden für ihre vielseitige Verwendung.

Im vergangen Jahr habe ich endlich auch in meinem Hausgarten einen Holunderstrauch gepflanzt. Er macht die schon vorhandene Vielfalt in meinem Garten mit Obstbäumen, Beerensträuchern und Gemüserabatten noch etwas vollkommener und wilder zugleich.

Holunderblütensirup

Zubereitung

Zucker und Wasser werden zusammen aufgekocht. Dann werden die Zitronen in feine Scheiben geschnitten und zu den Holunderblüten gegeben. Wenn das „Zuckerwasser" auf ca. 70 °C abgekühlt ist, wird es über die Holunderblüten mit den Zitronenscheiben gegossen. Nach dem vollständigen Erkalten muss der Topf mit einem Deckel verschlossen werden.

Diese duftende Mischung muss nun fünf Tage bei Raumtemperatur „durchziehen". Anschließend wird die Flüssigkeit durch ein feines Sieb in einen Kochtopf abgegossen und erneut aufgekocht.

Der abgekühlte Holunderblütensirup wird nun in gut verschließbare Flaschen gefüllt und an einem kühlen Ort gelagert.

Tipps und Tricks

Mit gekühltem Leitungswasser ist der Holunderblütensirup ein erfrischendes Sommergetränk. Außerdem eignet sich der Sirup hervorragend zum Mischen mit Sekt. Dabei ist jedoch zu beachten, dass der Sirup vor dem Mischen gut gekühlt wird. Ich verwende den Sirup auch gerne zum Marinieren von frischen Beeren.

Glasflaschen mit Schraubverschluss

Zutaten

30 Stück Holunderblütendolden
4 Zitronen ungespritzt
2,5 l Wasser
2 kg Zucker

Himbeeren

Dies ist ein Loblied auf meine liebste sommerliche Gartenfrucht, die Himbeere. In meinem Hausgarten habe ich davon zwei lange Reihen. Anfang April sieht man dort nur einige dürre Himbeerruten und hohe Pfähle mit gespannten Drähten. Innerhalb von 4 Wochen aber verwandelt sich dieses Gartenstück atemberaubend schnell in üppige, buschige, undurchsichtige Blätterreihen. Pünktlich nach der Sommersonnwende leuchten dort die ersten roten Beerenkugeln herüber.

Mein kleiner Sohn ging mit mir dort schon zum Himbeeren-Pflücken, als er gerade eben laufen konnte. Und wenn er dann völlig in dem grünen Blätterwald verschwunden war und mich mit einem verschmierten Beerenmündchen anlachte, dann sang ich mit ihm:

Wir geh'n im Himbeerzauberwald,
da reifen rote Himbeern bald,
im Himbeerzauberwald.

Das Ernten dieser Früchte hat für mich eine besondere Qualität. Wenn die Strahlen der hochstehenden Julisonne sich in den perligen Kugeln verfangen und die leuchtendroten Beeren in meine Schüssel purzeln, dann ist für mich mein Sommergefühl immer auf dem Höhepunkt. Meine Himbeeren tragen jedes Jahr zwei Mal. Die zweite Ernte ist nicht so sommerlich süß wie die erste, und man spürt hier das Durchschieben der Jahreszeiten im Spätjahr besonders stark.

Die Himbeeren bestechen nicht nur durch ihre Sommerschönheit, sondern vor allem auch durch die Einfachheit von Ernte und Verarbeitung, denn sie können direkt vom Stock weg verwendet werden – kein Putzen, kein Waschen, kein Garen ist nötig. Lediglich ein kurzer Blick in das Innere der Himbeere ist notwendig, um sicherzugehen, dass kein Wurm die Beere als Behausung und Futterort gewählt hat.

Dank der zweimaligen Ernte sind es in jedem Jahr große Mengen dicker, duftender, meist sonnenwarmer Himbeeren, die das Herz erfreuen, in saftigen Obstkuchen, Marmeladen und raffinierten Nachspeisen – oder die einfach nur, frisch gepflückt, mit einem Hauch von Puderzucker und einer Kugel Eis als köstlicher Nachtisch unsere Mahlzeiten abrunden. Und bei besonderen Gelegenheiten gibt ein Schuss von echtem, französischem Framboise diesem Nachtisch noch eine ganz besondere Note – und erinnert mich an meinen Vater. Der Framboise, der Elsässer Waldhimbeergeist, war – mit einem Stück Würfelzucker genossen – sein allerliebster „Digestif"…

Die großen Gläser mit Himbeermarmelade verdampfen in unserem Haushalt in wenigen Tagen. Doch der Nachschub aus dem Zauberwald sorgt für ganzjährig volle Gläser auf unserem Frühstückstisch.

Panna Cotta mit Himbeeren

Zubereitung

Zuerst wird die Blattgelatine in einer ausreichenden Menge kaltem Wasser eingeweicht. Anschließend wird die Vanilleschote aufgeschnitten und das Vanillemark herausgeschabt. Anschließend die Milch, die Sahne und den Zucker mit dem Vanillemark aufkochen. Die eingeweichte Gelatine gut ausdrücken und in die heiße Mischung rühren. Die fertiggemischte Flüssigkeit in einen Messbecher füllen und gleichmäßig auf acht vorbereitete Gefäße verteilen. Dann kommt die eingefüllte Panna Cotta für mindestens 8 Stunden in den Kühlschrank.

Zum Servieren die frischen Himbeeren auf die Oberfläche setzen und das Dessert mit einem Pfefferminzblatt verzieren.

Tipps und Tricks

Ich mache oft eine kleine Abwandlung der klassischen Panna Cotta und gebe etwas dunkle Kuvertüre in die heiße Milch/Sahne-Mischung.

Panna Cotta schmeckt mit jeder Art von Kompott oder verschiedenen frischen Früchten. Ich kenne kein Dessert, dass sich schneller herstellen lässt und dabei noch so lecker schmeckt.

Ausreichend für die Menge von acht Portionen in Gläsern, Schalen oder tiefen Tellern

Zutaten

375 g Milch
375 g Sahne
100 g Zucker
4 Blatt Gelatine
2 Vanilleschoten
500 g frische Himbeeren
8 frische Pfefferminzblätter

Apfelrahmkuchen

Kurz nach meiner erfolgreich abgeschlossenen Lehre zur Konditorin ging ich auf Wanderschaft und trat bald als frischgebackene Gesellin meine erste Stelle in einem kleinen Café an, und zwar in Überlingen am Bodensee. Die Stelle hatte ich genau drei Tage. Denn ehe ich mich versah, setze mich mein neuer Chef an die Luft. Wir konnten einfach nicht miteinander, und so fand ich mich etwas verschreckt und ziemlich verunsichert auf Arbeitssuche entlang des Bodensees wieder.

Doch das Schicksal hatte etwas Besseres für mich vorbereitet. Denn schon nach wenigen Tagen der Suche führte mich mein Weg in ein Café in der Geburtsstadt meines Vaters, in Wangen im Allgäu, in der Nähe von Lindau. Das malerische Allgäustädtchen wurde mir schnell zur neuen Heimat, in der ich dann zwei Jahre rührte, knetete, rollte und unglaublich viel über die Herstellung von richtig leckeren Kuchen lernte.

Unter anderem staunte ich nicht schlecht darüber, wie man hier so richtig guten Apfelkuchen fabrizierte. In der Backstube gab es ein davor nie gesehenes, wundersames Gerät, mit dem täglich unzählige frische Äpfel geschält wurden. Zu der Apfelschälmaschine gesellten sich ein Apfelschnitzler und eine Menge konischer Backformen. Ich wunderte mich über diese Unmengen von rohen Äpfeln, die sich in den mit Mürbeteig ausgelegten Formen türmten. Zwölf ganze, mittelgroße Äpfel für einen einzigen Kuchen wirkten auf mich äußerst fragwürdig. Doch der geschnitzelte Apfelturm versickerte fast spurenlos in einem Rahmguss und sah vor der Verwandlung im Backofen keineswegs so aus, als ob da je ein verkaufsfähiges Stück Apfelkuchen herauskommen würde.

Doch die Raupe wurde wider meinen Erwartungen zum Schmetterling – aus dem Backofen kroch wirklich und wahrhaftig ein fertig gebackener Kuchen mit einer glänzenden Marmeladenschicht und einem Mandelkränzchen obendrauf, wie ich noch keinen Apfelkuchen weder gesehen noch gekostet hatte. Es ist und bleibt einer der besten Apfelkuchen, der jemals über meine Zunge geflossen ist.

Leider backe ich diesen Wunderkuchen nur noch selten, da ich weder über einen Apfelschäler noch über selbigen dazugehörigen Schnitzler verfüge und diese Unmengen von Äpfeln leider auch Unmengen von Arbeitszeit binden. An manchen Tagen jedoch türme ich, wie in alten Zeiten, zwölf, dieses Mal handgeschnitzelte, frische Äpfel auf einen dicken Buttermürbeteig, lasse sie im cremigen Rahm versinken und erinnere mich gerne an meine reichen Gesellenjahre in Wangen. Und dann gibts in meiner Chocolaterie ganz gewiss einen der besten Apfelkuchen innerhalb der alten Dilsberger Stadtmauer.

Apfelrahmkuchen

Zubereitung

Den Mürbeteig ca. 4 mm stark ausrollen und die gefettete Kuchenform mit dem Teig auslegen.

Die Äpfel schälen, halbieren und das Kerngehäuse entfernen. Ca. 5 Hälften in jeweils 5 Spalten schneiden und den Boden der ausgelegten Form damit spiralförmig auslegen. Zimt und Haselnüsse mischen und auf den Apfelspalten gleichmäßig verteilen. Die restlichen Apfelhälften in je 3 Spalten schneiden und diese zu feinen Blättchen schneiden.

Eier, Zucker, Salz und ausgeschabte Vanilleschote aufschlagen und anschließend die Stärke und die flüssige Sahne unterrühren.

1/3 des Gusses in die vorbereitete Form geben. Die restlichen geschnittenen Äpfel auf dem Kuchen verteilen und anschließend den verbliebenen Guss auf dem „Apfelhügel" verteilen.

Nach dem Backen wird der Kuchen noch lauwarm aus der Form gestürzt. Das Apfelgelee kurz kochen und gleichmäßig auf der Kuchenoberfläche verteilen. Zum Schluss die gerösteten Mandelblättchen auf den Rand streuen.

Backen: 60 Minuten bei 180 °C Umluft oder bei 200 °C Ober-Unterhitze

Tipps und Tricks

Der Kuchen lässt sich am besten mit einem elektrischen Messer aufschneiden und sollte nicht ofenfrisch angeschnitten werden.

Backform: Konische Kuchenform mit 28 cm Ø

Zutaten

500 g Mürbeteig,
siehe Grundrezepte S. 13
2 Eier Größe M
150g Zucker
1 Vanilleschote
Salz
50 g Stärke
250 g Sahne
12 mittelgroße mürbe Äpfel
1 gehäufter Teelöffel Zimt
60 g gemahlene Haselnüsse
etwas Butter zum Einfetten der Kuchenform
100 g Apfelgelee
50 g Mandelblättchen geröstet

Quittengelee

Zwei Quittenbäume habe ich in meinem Leben gepflanzt. Den ersten in den Garten des inzwischen verkauften Grundstücks meines Elternhauses, und der war ein Geburtstagsgeschenk an meine Mama. Der zweite wächst in unserem eigenen Garten am Haus und hat inzwischen von zwei Ernten schon drei Dampfentsafter gefüllt.

Mein Mann kannte meine stille Liebe, und noch bevor der erste Spatenstich zum Umbau getan war, versenkten wir einen Quittenwurzelballen in unserem Hausgarten.

Mit der Quittenernte, kurz vor meinem Geburtstag, beginnt für mich eine ganz besondere Zeit im Jahr und eine stille Freude und Dankbarkeit erfüllt mich.

Die Quitte ist eine meiner liebsten Früchte. Viele Menschen wissen jedoch nichts mit der Frucht anzufangen, da es ihnen zu mühsam erscheint, der Quitte ihren einzigartigen, unverwechselbaren Duft und Geschmack zu entlocken.

Aus diesem Grund finde ich Jahr für Jahr Körbe von fein säuberlich geernteten Quitten vor meiner Haustüre. Die Spender dieser Früchte wissen, dass meine ganze Liebe diesen goldenen Herbstkugeln gehört. Sie freuen sich schon auf meine duftenden Gelees, die feinen Kuchen und all die anderen Quittenköstlichkeiten.

Ab Oktober zieht dann der liebliche Geruch der Quitten durch die Räume meiner Chocolaterie, bis hinaus auf die „Gass". Mancher, der vorübergeht, hebt schnuppernd die Nase in die Luft. Da bollern täglich viele Stunden die Dampfentsafter auf dem Herd und entlocken den festen Früchten den erst gelblichen und später orange-rot fließenden Saft.

Der Saft wird dann im Verhältnis 750 ml Saft zu 500 g Gelierzucker 4 Minuten sprudelnd gekocht und noch ganz heiß in Gläser mit Schraubverschluss gefüllt. Die Gläser müssen bis zum Rand gefüllt, sofort verschlossen und auf den Kopf gestellt werden.

Wenn dann das fertige Quittengelee in meinem Verkaufsraum von der tiefstehenden herbstlichen Abendsonne durchleuchtet wird, weiß ich ganz sicher, dass sich die Mühe allein für diesen Augenblick gelohnt hat.

Quittengelee

Quittensaft

Die Quitten werden gewaschen und mit dem Kerngehäuse in feine Scheiben geschnitten. Mit den Quittenscheiben wird der Dampfentsafter gefüllt und dann beginnt der energieintensive und lange Prozess des Entsaftens. Der erst gelbliche und später ins Rötliche gehende Saft muss immer wieder in einem Messbecher aufgefangen werden. Wenn etwa 2,5 Liter klarer Quittensaft gewonnen wurden, kann der Dampfentsafter vom Herd genommen werden. Gerne lasse ich nun die gekochten Früchte über Nacht im Entsafter stehen. So tropft noch mindestens ein halber Liter des kostbaren Quittensaftes nach.

Zubereitung Quittengelee

1,5 l Quittensaft
1 kg Gelierzucker 2:1

Den Quittensaft mit dem Gelierzucker in einem ausreichend großen Topf vermischen und 4 Minuten sprudelnd kochen lassen. Beim Kochen entsteht ein weißer Schaum, der vor dem Abfüllen mit Hilfe einer Schaumkelle vorsichtig von der Oberfläche entfernt wird.

Das noch ganz heiße Quittengelee wird bis zum Rand in Gläser gefüllt und sofort mit einem Schraubverschluss verschlossen. Anschließend werden die Gläser bis zum vollständigen Erkalten auf den Kopf gestellt.

Tipps und Tricks

Im Herbst lege ich immer einige reife Quitten in die Chocolaterie und erfreue mich an dem Duft, den die gelben Früchte verströmen.

Der mit dem Entsafter gewonnene Saft kann gut eingefroren werden und zu einem späteren Zeitpunkt zu Gelee weiterverarbeitet werden.

Gläser mit Schraubverschluss & einen Dampfentsafter

Zutaten

4 kg Quitten
2 kg Gelierzucker 2:1

Zitronenkuchen

Ich hatte mir als Konditormeisterin und Mutter fest vorgenommen, dass ich für meinen Sohn Paul keine Muffins zum Geburtstag backen werde. Die Rechnung hatte ich jedoch ohne meinen Zögling gemacht.

Mein Sohn, ein Kind seiner Zeit, der in einer Chocolaterie mit wunderbaren frischen, hausgemachten Kuchen und Torten aufwächst, wünschte sich zu meinem großen Entsetzen zu seinem 5. Geburtstag Schokoladenmuffins. Ich hatte keine andere Wahl, als ihm diesen Wunsch zu erfüllen. Mein einziger Trost an der Misere war, dass das Innenleben der von mir gefertigten Muffins aus dem Hause Valrhona kam, „meinem" renommierten Schokoladenproduzenten aus dem Rhônetal.

Zu meinen Kindergeburtstagen in den 70er-Jahren gab es noch keine Muffins und auch die Pizza, Pasta und Pommeszeit war noch nicht in der Küche angekommen. Meine Mutter hat für uns richtig gekocht und echte Kuchen gebacken. Mein großer Bruder und ich durften uns immer ein Gericht und einen Kuchen zu unserem Wiegenfeste wünschen.

Ich wünschte mir immer diesen saftigen, zart krümelnden Zitronenkuchen und obwohl meine Mutter die bessere Köchin als Kuchenbäckerin ist, hat sie mir immer diesen wunderbar zitronig schmeckenden Rührkuchen mit großer Hingabe gemacht.

Außer dem Zitronenwunder wünschte ich mir „schwäbisches Mittagessen". Dieses bestand aus handgedrückten Spätzle mit einer Schmelze aus Butter und Semmelbröseln. Dazu ein Schwäbischer Kartoffelsalat, Schweinebraten und Endiviensalat. Dies alles wurde in einen Suppenteller geschichtet. Zuerst kam der Kartoffelsalat. Darüber die Spätzle und darauf eine Scheibe Schweinebraten und etwas Endiviensalat. Über das Ganze eine Kelle der sämig dicken Schweinebratensoße. Einfach himmlisch.

So wurde ich früh auf kohlenhydratreiche Nahrung konditioniert. Doch trotz meines Berufes und der reichhaltigen Schwäbischen Küche meiner Mutter habe ich mich mit einem Body Mass Index unter 30 ganz gut gehalten.

Zitronenkuchen

Zubereitung

Die weiche Butter, den Zucker, den Zitronensaft und die Zitronenschale zusammenmischen und aufschlagen. Das Mehl mit der Stärke und dem Backpulver sieben und abwechselnd mit den Eiern und der Milch unter die weißcremige luftige Buttermasse geben, bis eine homogene Masse entstanden ist. Die fertige Masse in die gefettete Kastenform geben und im vorgeheizten Ofen backen.

Beim Backen reißt der Kuchen in der Mitte auf, was in der Fachsprache „Ausbund" genannt wird. In diesen „Ausbund" wird nach dem Backen der Saft einer Zitrone, der mit einem Esslöffel Puderzucker gemischt wurde, geträufelt.

Zum Schluss wird die Oberfläche des noch lauwarmen Kuchens mit der Zitronenglasur aus einer Zitrone und Puderzucker überzogen.

Backen: 45 Minuten bei 180 °C Umluft oder bei 200 °C Ober-Unterhitze

Tipps und Tricks

Der Zitronenkuchen sollte mindestens einen Tag durchziehen. So verteilt sich der Zitronengeschmack im ganzen Kuchen.

Backform: Kastenform

Zutaten

175 g Butter
200 g Zucker
3 Eier Größe M
1 Zitrone Saft und Schale
200 g Mehl
100 g Stärke
½ Päckchen Backpulver
50 ml Milch
1 Zitrone Saft –
um den Kuchen nach dem Backen zu tränken
1 EL Puderzucker
1 Zitrone Saft –
für die Zitronenglasur
200 g Puderzucker
etwas Butter zum
Einfetten der Kastenform

Linzertorte

Laut Wikipedia stammt das älteste überlieferte Rezept der Linzertorte aus dem 17. Jahrhundert, kommt aus Oberösterreich und ist damit das älteste bekannte Tortenrezept der Welt. Schon in meiner Jugend kam ich in den Genuss dieses leckeren Kuchens, den die Mutter meiner damaligen Freundin sehr oft für uns gebacken hat. Nach genau diesem Rezept backe ich bis zum heutigen Tag die „Linzer", und sie ist ganz klar einer meiner absoluten Favoriten.

Dieses Backwerk steckt voller guter Eigenschaften, auch in seiner Herstellung. Denn es ist unter anderem mit dafür verantwortlich, dass meine Stromkosten nie ins Unermessliche gestiegen sind – die Linzertorten lieben nämlich weder Froster noch Kühlschrank.

In einer Zeit des Frischewahns ist es bei der Linzertorte mit der Frische gerade umgekehrt wie üblich. Ein frischer Verzehr käme hier einer Todsünde gleich. Frühestens nach sieben Tagen und einer Lagerung nicht unter 10 °C kann ich überhaupt daran denken, den Kuchen anzuschneiden.

Bei der zu verwendenden Konfitüre zwischen dem Teigboden und dem charakteristischen Gitter trennen sich die Geister der Konditoren- und Hausfrauenwelten. Johannisbeerkonfitüre oder -gelee schwärmen die Österreicher, Himbeermarmelade flüstern viele Hausbäckerinnen mit lüsternem Blick. Ich jedoch stehe zu einer üppigen Menge Zwetschgenkonfitüre. Nach dem Backen überziehe ich den noch heißen Kuchen mit einer dünnen Schicht von gekochtem Apfelgelee, die dafür sorgt, dass die Feuchtigkeit nicht entweichen kann. Das unterscheidet meine Version vom Originalrezept.

Das Ergebnis ist eine unglaublich saftige „Linzer", in welcher sich die Gewürze nach einigen Tagen mit den restlichen Inhaltsstoffen zu einem genießerischen Gesamtkunstwerk vermählen, das schon manchen kritischen Gast aus dem Ursprungsland des Kuchens verzückt hat.

Die Linzertorten habe ich immer gut durchgezogen im Haus. Und wenn unerwartet eine Busladung voller Gästen hereinschneit, was mitunter vorkommt, bin ich immer bestens vorbereitet und kann etwas scheinbar Einfaches und dennoch so Außergewöhnliches anbieten.

Linzer Kuchen.

...g Butter, 125 g Zucker wird recht schaumig gerührt, Zitronenschale dazu gegeben 8 nach 3 g recht eingerührt. Diese Masse muß einer ... ... darf nicht verderben. Nun streicht ... Hälfte einem Boden auf Papier, füllt ... Marmelade, spritzt durch die Vertiefung ... Rand darauf. Nun bestreicht ... ... mit Eistreich & stellt ihn schön ...

Linzertorte

Zubereitung

Den Zucker, die weiche Butter, das Ei, das gesiebte Kakaopulver mit dem Backpulver, den Gewürzen und dem Rum zusammen zu einer geschmeidigen Masse verarbeiten.

Das gesiebte Mehl und die gemahlenen Haselnüsse kurz unter die glatte Buttermasse kneten und den fertigen Teig mindestens 6 Stunden in den Kühlschrank stellen.

2/3 des Teiges wird auf 1,5 cm Stärke rund ausgerollt und in den Tortenring gelegt. Aus dem restlichen Teig werden lange Stränge gerollt. Ein Strang wird am Rand der Form entlanggelegt. In der Mitte wird anschließend die Zwetschgenkonfitüre verteilt.

Aus den verbliebenen Strängen wird über die Zwetschgenkonfitüre mit je fünf Teigrollen ein Gitter gelegt. Dann geht es in den vorgeheizten Backofen.

Das Apfelgelee wird aufgekocht und direkt nach dem Backen auf dem noch heißen Kuchen gleichmäßig verteilt.

Backen: 45 Minuten bei 180 °C Umluft oder bei 200 °C Ober-Unterhitze

Tipps und Tricks

Linzertorte muss mindesten sieben Tage an einem kühlen Ort gelagert werden, bevor sie angeschnitten wird. Das Apfelgelee hält die Feuchtigkeit im Kuchen und nach einigen Tagen vermählen sich unter dem Apfelgelee die Gewürze mit den restlichen Zutaten zu einem unvergesslichen Genuss.

Backform: Tortenring oder Springform mit 26 cm Ø

Zutaten

150 g Zucker
200 g Butter
1 Ei Größe M
20 g Kakaopulver
10 g Backpulver
1 TL Zimt
1 Prise Nelken
2 cl Rum
200 g Mehl
200 g Haselnüsse gemahlen
300 g Zwetschgenkonfitüre
150 g Apfelgelee

Hutzelbrot

Hutzeln sind im Ganzen getrocknete, kleine süße Birnen, die immer noch an den alten, wilden Birnbäumen reifen, aber von niemandem mehr beachtet oder gar geerntet werden. In alten Zeiten, noch bis kurz nach dem Krieg, waren sie eine begehrte Süßigkeit der Kinder. Heute werden sie nur noch in erstklassigen Gewürzhäusern, Feinkostläden oder bei Kleinerzeugern zu hohen Preisen vertrieben.

Mit dem Hutzelbrot verbinde ich vielerlei Erinnerungen. Die kleinen, dunkelbraunen, festen, ein bisschen feuchten Laibchen habe ich zum ersten Mal in meiner frühen Kindheit wahrgenommen. Meine Großmutter backte jedes Jahr im November diese wundersamen, fast unendlich haltbaren Winterbrote in großer Zahl und verschickte sie an alle ihre Lieben. Das Brot duftete immer schon bei der Übergabe durch den Postboten durch alle Verpackungen hindurch.

In der kalten Jahreszeit haben wir dann am liebsten in den späten Abendstunden das Hutzelbrot in hauchdünne Scheiben geschnitten und diese dick mit Butter bestrichen. Es verströmte einen lieblich-feinen Geruch nach Gewürzen und feuchten, schweren Trockenfrüchten. Die Brote waren geballte Energiespeicher für Leib und Seele. Man konnte sie bis Ostern aufbewahren – aber irgendwie war dann das winterliche Geschmackserlebnis dahin. Alles hat auch hier seine Zeit.

Die Wertschätzung für Großmutters köstliche Wintergabe fehlte mir zu jener Zeit noch gänzlich. Dann aber, als ich mein erstes selbstgebackenes Hutzelbrot ins Auge fasste und die nicht enden wollende Zutatenliste studierte, bestellte und bezahlte, wurde mir langsam klar, welchen Goldklumpen uns unsere Großmutter Jahr für Jahr, bis fast zu ihrem 90., in unsere Winterabende gelegt hatte.

Viel später, in meiner Zeit bei Harald Wohlfahrt, beglückte ich die Gäste mit Omas jetzt zum Dreisternegebäck mutierten Hutzelwunder, welches begleitend zum Käse vom Wagen gereicht wurde. So ändern sich die Zeiten.

Heute backe ich in manchen Jahren noch immer voller Freude und in Erinnerung an meine Oma das Hutzelbrot nach dem Originalrezept aus Ehingen an der Donau. Und immer schicke ich dann ein oder zwei Laibchen zu meinem Onkel nach München. Er freut sich jedes Mal ganz arg. Doch ich weiß genau, dass er sich immer verkneift, mir zu sagen, dass es doch nicht ganz so schmeckt wie das Hutzelbrot seiner Mutter. Aber von diesem seltsamen Effekt eines Original-Rezeptes im Vergleich zur Kopie sprachen wir schon im Vorspann zum Schmandkuchen.

Hutzelbrot

Zubereitung

Die Hutzeln in einen Kochtopf geben, mit Wasser bedecken und 8 Stunden einweichen. Dann werden die Hutzeln mit dem Wasser bei geschlossenem Deckel 30 Minuten gekocht, abgeschüttet und mit den halbierten Zwetschgen vermischt. Das „Hutzelwasser" wird aufgehoben, um den Teig herzustellen und die Brote nach dem Backen einzupinseln. Alle anderen Zutaten werden grob geschnitten, miteinander vermischt und mit etwas Mehl bestäubt.

Mit 500 g Mehl, der Hefe und der Hälfte des „Hutzelwassers" wird ein Vorteig hergestellt und zum „Gehen" für 1 Stunde an einen warmen Ort gestellt.

Das restliche Mehl wird mit dem Zucker und den Gewürzen gemischt.
50 ml „Hutzelwasser" werden zum Einpinseln der gebackenen Hutzelbrote zur Seite gestellt. Mit dem restlichen Hutzelwasser, dem Kirschwasser, dem Mehl, den Gewürzen und dem gegangenen Vorteig wird nun ein fester Teig hergestellt. Zum Schluss werden alle Trockenfrüchte und Nüsse darunter gearbeitet. Der Teig wird so lange bearbeitet, bis er sich von der Schüssel löst.

Dann bestäubt man den Teig mit Mehl und stellt ihn für 2 Stunden zum Gehen.
Sobald das Mehl Risse zeigt, werden sechs Laibchen à 800 g geformt.
Diese setzt man auf Backpapier und stellt sie noch kurz zum Gehen.

Backen:
30 Minuten bei 225 °C Ober-Unterhitze
30 Minuten bei 180 °C Ober-Unterhitze fertig backen.
Nach dem Backen mit dem verbliebenen Hutzelwasser abpinseln.

Tipps und Tricks

Das ausgekühlte Hutzelbrot hält sich an einem kühlen Ort in Alufolie verpackt über mehrere Monate. In seltenen Fällen haben wir das letzte Laibchen an Ostern angeschnitten. Die Herstellung für die Weihnachtszeit sollte im November erfolgen.

Backform: 6 handgeformte Laibchen mit je 800 g

Zutaten

1 kg Hutzeln
500 g Zwetschgen
160 g Haselnüsse
160 g Mandeln
160 g Walnüsse
500 g Rosinen
500 g Feigen
250 g Datteln
250 g Aprikosen
50 g Zitronat
50 g Orangeat
60 g Hefe
6 cl Kirschwasser
40 g Zimt
2 Messerspitzen Nelken
1 EL Anis gemahlen
1 EL Fenchel gemahlen
70 g brauner Zucker
1 kg Mehl

Mandelhalbmonde

Mandelhalbmonde sind ein inzwischen eher unbekanntes Weihnachtsgebäck, das noch im Kienle-Kochbuch meiner Mutter vorkam. Wenn ich an diese himmlischen Mandelhalbmonde denke, gehen meine Erinnerungen daher sehr weit in meine Kindheit zurück. Im Geist sehe ich dabei schlagartig immer die verschmierten Senfgläser vor mir, welche uns damals im geleerten Zustand als Trinkgläser dienten. Meine Mutter benutzte just diese Gläser in der Adventszeit zum Ausstechen der Mandelhalbmonde, was aus meiner heutigen Sicht als Konditormeisterin eine äußerst klebrige, krümelige und höchst unordentliche Angelegenheit war.

Für uns Kinder, meinen Bruder Josef und mich, waren die Mandelhalbmonde der Inbegriff des süßen Glückes. Das lag vor allem daran, dass bei der Ausstechaktion mit dem Senfglas unglaublich viele Reststücke abfielen, die wir mit unseren kleinen Fingerchen sofort in unsere Münder stopften. Ob mit oder ohne Senfglas ausgestochen, mein Sohn Paul lässt auch heute noch alles, was auch nur geringfügig von der vollkommenen Form des Halbmondes abweicht, mit einer unglaublichen Geschwindigkeit in seinem kleinen Mund verschwinden. Der Rest der Monde, der dann noch in meinen verschlossenen, gut versteckten Gebäckdosen vielleicht die Adventszeit überlebt und womöglich sogar den Weg auf den Plätzchenteller an Heiligabend schafft, ist nach ca. 10 Minuten aus dem Sortiment spurlos verschwunden.

Zuzeiten meiner Mutter gehörten 20 Plätzchensorten noch zum Mindestbestand der damaligen Weihnachtsbäckerei. Der Plätzchenteller unter dem Christbaum war damals der ganze Weihnachtsstolz einer guten Hausfrau. Dazu noch eine kleine zeitkritische Notiz: In den alten Zeiten meiner Kindheit war es – im totalen Gegensatz zu den modernen Gepflogenheiten der Vorweihnachtszeit – eine eiserne Regel, dass der Duft der süßen Bäckerei zwar das ganze Haus erfüllte, doch gegessen werden durften nur die „Verreckerlinge" und kleine Abfälle – der Rest blieb bis zum Fest hermetisch verschlossen in den auf hohen Schränken schwer zugänglichen Dosen. Wir lernten damals viel über den Wert von Erwartung und Vorfreude.

Am Fest nun, damals wie heute, lässt sich der Beliebtheitsgrad des jeweiligen Backwerks leicht an den verbliebenen Restbeständen auf der Plätzchenplatte ablesen. Wie man sieht, waren und sind die Mandelhalbmonde, jedenfalls in unserer Familie, das beliebteste Weihnachtgebäck. Gleich danach kommen die Zimtsterne aus Meisterinnenhand und die gut durchgezogenen Vanillekipferl. Das Schlusslicht auf dem Plätzchenteller bildet meist das Buttergebäck ohne alles, das sich knochentrocken bis Silvester auf dem Weihnachtsteller hervorragend hält.

Mandelhalbmonde

Mandelhalbmonde

Zubereitung

Die Eigelb, der Zucker, die Butter und das Mehl werden zu einem glatten Teig verarbeitet. Siehe auch Grundzubereitungen vom Mürbeteig S. 13. Den fertigen Teig ca. 30 Minuten in den Kühlschrank legen. Anschließend auf Blechgröße ausrollen. Das gefettete Backblech mit dem Teig auslegen und dann in den vorgeheizten Backofen schieben.

Backen: 12 Minuten bei 180 °C Umluft oder bei 200 °C Ober-Unterhitze

In der Zwischenzeit werden die Eiweiße mit dem Zucker aufgeschlagen. Unter das geschlagene Eiweiß kommen die Mandeln, das Mehl, die flüssige Butter und die Milch. Auf den halbfertig gebackenen Teig wird die Himbeerkonfitüre gestrichen und darauf wird dann die Eiweißmasse verteilt. Anschließend kommt das Backblech erneut in den Backofen.

Backen: 12 Minuten bei 180 °C Umluft oder bei 200 °C Ober-Unterhitze

Zum Schluss wird der Puderzucker mit dem Zitronensaft verrührt, die noch lauwarme Oberfläche mit der Zitronenglasur glasiert und mit einem runden Ausstecher werden „Halbmonde" ausgestochen.

Tipps und Tricks

Der runde Ausstecher sollte nach jedem ausgestochenen „Halbmond" mit einem feuchten Lappen abgewischt werden. Dann wird ein Gebäckstück so schön wie das andere.

Nach einigen Tagen ist das Gebäck gut durchgezogen und schmeckt noch besser als kurz nach der Herstellung. Zur Lagerung sollten die Mandelhalbmonde nicht übereinander gestapelt werden.

Backform: Backblech

Zutaten

5 Eigelb Größe M
60 g Zucker
100 g Butter
250 g Mehl
5 Eiweiß Größe M
180 g Zucker
120 g Mandeln geschält und gemahlen
60 g Mehl
30 g Butter flüssig
20 ml Milch
400 g Himbeerkonfitüre
etwas Butter zum Einfetten des Backbleches
200 g Puderzucker
1 Zitrone/Saft

Vanillekipferl

Alle Jahre wieder vollzog sich am Heiligabend mit mir, der kleinen Eva, das gleiche Ritual. Ich stopfte ungebremst Mamas feine, sortenreiche Weihnachtsplätzchen in mich hinein, und in regelmäßiger Folge, Jahr für Jahr, wurde es mir so gegen 10 Uhr abends richtig schlecht – mit allen daraus entstehenden Konsequenzen.

Ich liebte damals schon die Vanillekipferl über alle Maßen. In meiner Lehrzeit zur Konditorin wurde diese Plätzchengattung jedoch kurzfristig entzaubert, da meine einzige Aufgabe darin bestand, rechteckig geformte Teigstücke in eine Walze zu legen, welche dann auf längliche Backbleche die gleichmäßig geformten, leblosen Vanillewürmer fallen ließ.

Doch meine Liebe zur Handarbeit hat den alten Zauber wieder wachgerufen. Ich mag das Formen des Teiges mit den Händen sehr und rolle große, dicke Kipferl, die an den Enden nur leicht spitz zulaufen.

Es gibt hier gewaltige Unterschiede in den jeweiligen Endprodukten, je nach Charakter des Herstellers. Manche machen ganz kleine Bögen mit viel zu dünnen Enden, die nach meiner Ansicht zu viel Feuchtigkeit beim Backen verlieren und an den Spitzen daher zu dunkel werden.

Außerdem brechen diese Spitzen oft ab, und zurück bleibt ein unansehnlicher Kipferlrumpf. Andere wieder entlassen aus ihren Händen plumpe, hufeisenförmige Teile, die einfach keine Vanillekipferl sind und seltsamerweise auch nicht so schmecken.

Meine fertig gebackenen Kipferl wälze ich lauwarm in einer Mischung aus echtem, kristallinem Vanillezucker mit einer Extraportion frischem Vanillemark aus ebenfalls echten Schoten. Der dabei entstehende Bruch ist für den sofortigen Verzehr bestimmt. Mein Vater bemerkte diesbezüglich schon in meiner Lehrzeit, dass einer der größten Vorteile meines Berufes der wäre, dass ich meinen Ausschuss essen kann.

Bei der Lagerung des Gebäckes schwöre ich auf sortenreine Lagerung in Metalldosen, und zwar ohne Apfelschnitze oder sonstige Beigaben.

In den adventlichen Abendstunden ist es für mich besonders schwer, diese Dosen ungeöffnet stehen zu lassen. Das gelingt nur selten. So kommt es, dass die Kipferl und ihre anderen adventlichen Gebäckgenossen jedes Jahr kräftig dazu beitragen, dass ich in den letzten zwei Monaten des Jahres regelmäßig an Gewicht zulege.

Vanillekipferl

Zubereitung

Die Butter, der Zucker und das Mark der Vanilleschote werden miteinander vermischt. Anschließend das Mehl und die gemahlenen Mandeln zugeben und zügig zu einem glatten Teig verarbeiten. Den fertigen Teig ca. 30 Minuten in den Kühlschrank stellen. Dann gleichmäßig dicke Stränge formen und diese wiederum in gleich große Stücke schneiden. Aus den Teigstücken werden nun die einzelnen Kipferl geformt und auf das vorbereitete Backblech gelegt.

Das volle Blech kommt in den vorgeheizten Backofen.

Backen: 15 Minuten bei 180 °C Umluft oder bei 200 °C Ober-Unterhitze

Nach dem Backen müssen die Vanillekipferl kurz auskühlen und werden dann noch lauwarm in dem Vanillezucker gewälzt und anschließend direkt in eine Plätzchendose gelegt.

Tipps und Tricks

Alle ausgeschabten Vanilleschoten, die über das Jahr anfallen, werden in Kristallzucker eingelegt. So haben Sie immer einen Vorrat an „echtem Vanillezucker".

Werden die Vanillekipferl zu heiß im Vanillezucker gewälzt, zerbrechen sie schnell. Ist das Kipferl jedoch zu kalt, kann der Zucker nicht mehr an der Oberfläche haften.

Backform: Backblech mit Backpapier

Zutaten

250 g Mehl
180 g Butter
100 g Mandeln geschält und gemahlen
90 g Zucker
1 Vanilleschote
Vanillezucker aus eigener Herstellung

Wie ich zum Fernsehen kam

Genau zu Beginn des dritten Jahrtausends, also im Jahr 2000, rief mich völlig unerwartet Harald Wohlfahrt an und fragte bei mir an, ob ich Interesse an einem Termin zu einem Casting in Baden-Baden beim SWR-Fernsehen hätte. Für die Sendung „Kaffee oder Tee?" wurden zwei Konditorenköpfe gesucht, die live im Studio im Wechsel an jedem Freitagnachmittag einen Sonntagskuchen zubereiten sollten.

Klar hatte ich Interesse, riesiges sogar… Ich fühlte mich wie ein kommender Star kurz vor seiner Entdeckung und war völlig aus dem Häuschen. Mit großer Gewissenhaftigkeit und ebensolcher Anspannung bereitete ich mich auf den Termin zum Probebacken vor den laufenden Kameras vor.

Der große Tag rückte näher. Doch wie das immer wieder in meinem Leben war, wenn ich auf den Punkt so richtig gut und fit sein wollte, dann holte mich vormittags eine von meinen guten alten Bekannten ein: eine Kopfhammermigräne mit allem, was diese so zu bieten hat. Regungslos lag ich mit pochenden Schmerzen in einem abgedunkelten Zimmer und fühlte, wie der anberaumte Termin sich aus dem Bereich meiner Möglichkeiten immer weiter davonschlich. Es war alles nur fürchterlich…

„Kaffee oder Tee?"

Doch so, wie das auch oft im Leben ist: Ein Wunder geschah. Ich nahm wahr, wie die Höllenschmerzen nachließen und schließlich verschwanden. In letzter Minute machte ich mich, noch ein wenig benommen, auf den Weg nach Baden-Baden.

Vor den kritischen Argusaugen von Redakteuren entstanden unter meinen geübten Konditorinnenhänden gemischte Obsttörtchen, und ich erzählte dazu meinen virtuellen Zuschauern alles über das dazugehörige handwerkliche Tun, als hätte ich nie etwas anders gemacht. Als alles vorbei war, wusste ich ganz tief in meinem Inneren, dass das ein Teil meiner Berufung war und ich angenommen werden würde.

Genau an diesem Tage erlebte ich, dass meine liebe Großmutter, von der das Hutzelbrotrezept stammt, ganz still und leise ihre menschliche Hülle verließ. Und zwar just in dem Moment, als ich das Casting hatte. Ihre losgelöste Seele hatte kräftig mitgeholfen.

Nach vier Wochen, manchmal doch banger Erwartung kam die ersehnte Zusage. Von da an servierte ich alle zwei Wochen im Fernsehen zahllosen wartenden Zuschauern ihren Sonntagskuchen – ganze neun Jahre lang. Diese Zeit verhalf mir zu einer bescheidenen Berühmtheit und zu einem bis heute nicht abreißenden Gästestrom meiner Kuchen-Fans, die noch immer auf den Dilsberg pilgern, um einen meiner leckeren „Sonntagskuchen" zu essen und mit einer echten Fernsehkonditorin zu plaudern.

Orangen-Karamellgebäck

Das gibt's immer ...

Begegnet ist mir das Gebäck zum ersten Mal in meiner Zeit bei Harald Wohlfahrt.

Der damalige Pâtissier hat mir das Rezept, die schwer beschaffbare Spezialtülle und das Handwerkszeug zur Herstellung dieser Spezialität mit in meinen Lebensrucksack gelegt. Seit der Eröffnung meiner Chocolaterie hat jede bestellte heiße Schokolade den Tresen mit zweien dieser Kekse verlassen.

Damals war ich fasziniert von der Geschwindigkeit, mit der der Pâtissier die Gebäckmasse und die dazugehörige Füllung auf dem Blech platzierte.

Ich bin in den Jahren seit 1991 auch schnell geworden. Jeder, der mich dieses Gebäck aufdressieren sieht, ist von der Geschwindigkeit genauso fasziniert, wie ich es damals war. Rezept liefere ich dazu keines. Es muss auch noch Geheimnisse geben in der Schokoladenfestung auf dem Dilsberg.

Ich kann jedoch versprechen, dass Sie zu jeder Bestellung einer heißen Schokolade in meinem Haus diesen außergewöhnlichen Genuss mitgeliefert bekommen.

Über Eva Heß

Aufgewachsen ist Eva Heß auf dem Dilsberg, dort, wo sie heute lebt und arbeitet. Ihre Ausbildung absolvierte sie unweit davon, im renommierten Café Schafheutle in der Heidelberger Hauptstraße.

Mit dem Gesellenbrief in der Tasche zieht es sie auf Wanderschaft. Wangen im Allgäu, die Geburtsstadt ihres Vaters, wohin sie der Weg zufällig führt, ist der Anfang ihres erfolgreichen Berufslebens mit vielen Stationen im In- und Ausland. „In Wange bleibt ma hange" steht in einem der vier Tore zur Stadt. So geht es auch Eva Heß. Hier bewährt sie sich als Konditorin, sammelt Berufserfahrung und lernt, wie sie selbst sagt, richtig guten Kuchen zu backen.

Um viele Erfahrungen reicher absolviert sie 1991 die Meisterschule in Heidelberg und schließt als Meisterin im Konditorenhandwerk ab.

1991 bis 1996 ist Eva Heß Chef Pâtissière in der Traube Tonbach im Restaurant Schwarzwaldstube bei Harald Wohlfahrt.

Die Welt der Sterne-Gastronomie ist nicht wirklich die ihre, und so beschließt sie 1996, ihren eigenen selbständigen Weg als Konditormeisterin zu gehen. Doch es dauert noch fünf Jahre, bis ihre derzeitige Wirkungsstätte und sie einander „begegnen". In der Zwischenzeit probiert sie allerhand aus, beginnt unter anderem beim SWR in der Sendung „Kaffee oder Tee?" die Sonntagskuchen zu backen.

2001 erfüllt sie sich mit viel Gespür für den richtigen Moment den Traum von der eigenen Wirkungsstätte und erwirbt das alte Gasthaus „Zur Burg" auf dem Dilsberg. Und eines Tages ist es dann endlich soweit: Die Chocolaterie im Gasthaus „Zur Burg" auf dem Dilsberg öffnet ihre Pforten. Seither ist dieser Ort zur Pilgerstätte vieler Schokoladen- und Kuchenliebhaber geworden.

Eva Heß war und ist im Fernsehen und Rundfunk präsent, davon mehr als 200 Mal im SWR-Fernsehen bei der Sendung „Kaffee oder Tee?".

Das neueste Projekt ist das vorliegende Buch „Von Hutzeln und Himbeeren".

Frisch gebackene Eigentümerin im April 2001.

Auf dem Weg zur frischgebackenen Autorin im September 2014.

„Schläft ein Lied in allen Dingen,
Die da träumen fort und fort,
Und die Welt hebt an zu singen,
Triffst du nur das Zauberwort."

Joseph Freiherr von Eichendorff

Ansicht von der Feste Dilsberg aus der Ausstellung „Benachbart",
Petra Mayáns, Atelier Prêt-à-Montrer ©

Über Kerstin Panter

Alles begann im Jahr 2003. Meine damalige berufliche Wirkungsstätte befand sich im idyllischen Heidelberger Stadtteil Handschuhsheim. Oft führte mich mein Spaziergang während der Mittagspause in die „Bücherstube an der Tiefburg". Eines Tages nahm ich dort an einer Verlosung teil und, wie der Zufall es wollte, war mein Gewinn das Buch „Der Sonntagskuchen" mit Rezeptkärtchen von Eva Heß. Nie hätte ich mir seinerzeit träumen lassen, einmal den Zauber der Chocolaterie und der süßen Versuchungen von Eva Heß fotografisch einfangen zu dürfen.

Das erste Mal zusammengearbeitet haben Eva Heß und ich im Jahr 2011 bei Aufnahmen für eine Buchreihe der Avantgarde Edition. Im Juli 2014 erreichte mich ihr Anruf und die Frage, ob ich mir vorstellen könnte, die Aufnahmen für ihr eigenes Buch mit ihren Rezepten, Geschichten und dem Ort, an dem sie lebt und arbeitet, dem Dilsberg, zu machen. Welch eine Frage!

Im August 2014 sind dann die Fotos entstanden. Sie sind das Ergebnis einer wunderbaren Zusammenarbeit auf hohem handwerklichem und künstlerischem Niveau, geprägt von gegenseitiger Empathie.

Schon immer hat die Fotografie eine ungeheure Faszination auf mich ausgeübt. Neben meiner Arbeit als kaufmännische Angestellte, widme ich mich jedoch jede freie Minute meiner Leidenschaft. Im Laufe der Jahre habe ich mich immer intensiver in die Geheimnisse des Medien- und Grafikdesigns eingearbeitet und bin immer auf dem neuesten Stand. Ich bezeichne mich daher als autodidaktische Fotografin und Mediengestalterin. Nach Erfahrungen in Mode-, Porträt- und Hochzeitsfotografie habe ich mich mittlerweile voll und ganz der Food- und Produktfotografie verschrieben. So verbinde ich meine Liebe für köstliches Essen, verführerische Desserts und erlesene Weine mit meiner Passion: der Fotografie.